D0664246

De tijdgeest ontrafeld

INCLUSIEF GRATIS E-BOOK

Bij aankoop van deze uitgave stelt Uitgeverij Boom Nelissen gratis de e-bookversie voor u beschikbaar. Wij vinden dat u de inhoud van het boek overal moet kunnen raadplegen, of dat nu op papier is of digitaal of een combinatie van beide. Net zoals u zelf prettig vindt in gebruik.

U kunt uw gratis e-book ophalen via **www.boomnelissen.nl/gratis_e-book**. Hiervoor heeft u de unieke code nodig die u op deze pagina vindt.

yRzawWFK

ANDREA WIEGMAN

DE TIJDGEEST
ONTRAFELD

VAN SNAPSHOTS
NAAR TRENDS

uitgeverij **boom/nelissen**

Copyright: © Uitgeverij Boom Nelissen, Amsterdam &
 Andrea Wiegman, 2014
Omslag: Bas Smidt, Den Haag
Foto auteur: Inga Powilleit
Binnenwerk: Andre Klijsen, Villa Y, Den Haag
Redactie: Eelke Warrink, Leiden
ISBN: 9789024403127
NUR: 740
1e druk: 2014

ALLE RECHTEN VOORBEHOUDEN

Behoudens de in of krachtens de Auteurswet van 1912 gestelde uitzonderingen mag niets uit deze uitgave worden verveelvoudigd, opgeslagen in een geautomatiseerd gegevensbestand, of openbaar gemaakt, in enige vorm of op enige wijze, hetzij elektronisch, mechanisch, door fotokopieën, opnamen, of enig andere manier, zonder voorafgaande schriftelijke toestemming van de uitgever.

Voor zover het maken van reprografische verveelvoudigingen uit deze uitgave is toegestaan op grond van artikel 16h Auteurswet 1912, dient men de daarvoor wettelijk verschuldigde vergoedingen te voldoen aan de Stichting Reprorecht (Postbus 3051, 2130 KB Hoofddorp, www.reprorecht.nl). Voor het overnemen van gedeelte(n) uit deze uitgave in bloemlezingen, readers en andere compilatiewerken (artikel 16 Auteurswet 1912) kan men zich wenden tot de Stichting PRO (Stichting Publicatie- en Reproductierechten Organisatie, Postbus 3060, 2130 KB Hoofddorp, www.stichting-pro.nl).

www.boomnelissen.nl

'Dive into the Nebula'
— Laser 3.14

Herengracht, Amsterdam, 2013

Voorwoord

Mensen vragen me vaak: 'Zit jouw hoofd niet heel erg vol?', of: 'Wat doe je nu precies als trendwatcher?' 'Hoe kan het nu dat je geschiedenis hebt gestudeerd en je met de toekomst bezighoudt? De toekomst is toch niet te voorspellen?' Ik zal een hardnekkig misverstand over het trendwatch-vak ontkrachten: de toekomst is niet te voorspellen. Daar gaat het ook niet om. Het gaat om 'voorstellen' in plaats van 'voorspellen'. Het doel van mijn werk is om relevante nieuwe kennis, inzichten, ideeën en inspiratie aan het licht te brengen, te duiden, zodat we de tijd waarin we zelf leven kunnen begrijpen om waardevolle, goede en mooie dingen te ontwikkelen voor de toekomst. Ik hoop dat dit boek een antwoord is op vele vragen over trends en de tijdgeest en hoe dat proces van trendwatching werkt. En dat het tegelijkertijd een beeld geeft over de wereld waarin we leven. Hoe gaan we deze eeuw organiseren?

Dit boek is een verzameling van verhalen, ideeën en inzichten, van kennis en inspiratie. Ik neem je mee langs allerlei uitingen van die tijdgeest. Die uitingen, die manifestaties noem ik *snapshots*: kleine gebeurtenissen, op het eerste gezicht onbelangrijke ontwikkelingen die je terloops tegenkomt. Pas als je er langer bij stilstaat of als je een soortgelijke snapshot later nog een keer tegenkomt, zie je het belang ervan in. Ik neem je mee langs deze snapshots die iets vertellen over de tijd waarin wij leven, over verandering en vernieuwing, over trends. Ik plaats soortgelijke snapshots naast elkaar, zodat de beweging duidelijk wordt, de ontwikkeling in een bepaalde richting: dat is wat trends zijn. Je zal inzien hoe trends ontstaan, hoe ze groeien en hoe we de signalen ervan kunnen oppikken. Je zult zien dat als je diverse snapshots samenbrengt, je er ontwikkelingen uit kunt filteren die iets vertellen over de wereld van vandaag en morgen.

De wereld verandert. Dit boek laat andere benaderingen, nieuwe manieren en nieuwe verhoudingen zien om met de tijd mee te gaan, om te innoveren vanuit inzicht en visie, maar ook om gewoon eens anders naar de wereld te kijken, anders te denken en het vertrouwde los te laten. Trendwatching is een multidisciplinair vak en gaat iedereen aan. Er zijn zo veel verschillende disciplines en bronnen die de tijd kunnen duiden. Een trendwatcher pikt signalen van overal op: uit de economie, de natuurwetenschap, biologie, psychologie, sociologie, antropologie, mediawetenschappen en de neurowetenschappen, maar evengoed uit de letteren, geschiedenis of kunst. In dit vak moet je openstaan voor zo veel mogelijk verschillende bronnen, ook bronnen die minder voor de hand liggen en die op het eerste gezicht triviaal lijken. Niet alles wat voor de trendwatcher waardevol is staat in de spotlights, is te lezen op de voorpagina van de krant of zit op een A-locatie. In het trendonderzoek liggen de bronnen overal en nergens, soms voor je neus en soms ver weg. Het belangrijkste is dat je nieuwsgierig bent om deze bronnen te ontdekken. Goede trendonderzoekers kijken daarom overal, draaien hun hoofd om als een uil als ze ergens langslopen en slaan alles wat op hun netvlies komt op. Zowel de linker- als rechterhersenhelft worden in dit proces ingezet: zowel intuïtie als ratio spelen een rol. Dit kun je trainen.

Om dieper in te gaan op die ontwikkelingen die ik zie, hanteer ik de methode van interviewen. Met mensen, met tijdgenoten. Ik vraag in die gesprekken door naar motivaties en beweegredenen of naar implicaties van bepaalde zaken: hoe denken mensen nu? Wat is het wereldbeeld van de huidige generaties? Wat zijn hun dromen, wensen en idealen?

Wat ik doe bestaat uit kijken, luisteren en voelen, veel mensen spreken, soms stilstaan bij iets opvallends, dan weer bij iets kleins en onopvallends. Ik weet soms niet eens waarom. Het kwartje kan pas later vallen, soms pas na een of twee jaar. Toch is dat moment waarop iets mij opviel, die snapshot, een signaal geweest waar ik iets mee doe. Als je alles samenvoegt, zie je een beweging ontstaan; dat is wat het vak van trendwatching behelst. Je verzamelt en rangschikt, zoomt in en uit, telkens opnieuw. Je ziet dan een groter geheel ontstaan, een ontwikkeling of patroon dat continu in beweging is.

Ik leg 'open' wat me opvalt en leg vervolgens verbanden. Ik neem daarvoor de ruimte en vrijheid, ook in dit boek. Het is een creatief proces, vanuit de kennis en wijsheden die ik om me heen verzamel. Dat is de manier waarop ik van snapshots naar trends ga, om zo de tijdgeest te ontrafelen. Op zoek naar de grotere verhalen die onze tijd kenmerkt, voor nu en voor de toekomst.

Dit boek gaat verder dan de klassieke dualistische kijk op de wereld, die zich bedient van tegenstellingen zoals oud en nieuw, zwart en wit, links en rechts, klein en groot, geschiedenis en toekomst enzovoort. In dit boek deel ik verschillende, vaak tegenstrijdige inzichten, visies en verhalen, zowel kleine als grote die wederzijds veel met elkaar te maken hebben, soms in elkaar verstrengeld zitten en daarmee afhankelijk van elkaar zijn.

Voordat ik de snapshots, de kleine en grotere verhalen induik, wil ik nog de mensen bedanken die bij de totstandkoming van dit boek betrokken waren. John, Eline, Marloes en Sandra van Boom uitgevers en Boom Nelissen – dank voor jullie professionele aanpak en de prettige gesprekken. Natuurlijk ook alle mensen die ik geïnterviewd heb, met wie ik gewerkt heb, met wie ik samen de boeken van Second Sight heb gemaakt. En mijn oude leermeesters in de geschiedenis: Arthur B. Mitzman en Herman Beliën (die onlangs helaas te vroeg is overleden, maar die mij nog net voor zijn overlijden nog een paar rake wijsheden meegaf). Henriëtte Verburgh, ook een leermeester, die mij op jonge leeftijd de beste boekenlijst 'ever' gaf. Daarmee kon ik tien jaar vooruit. Maar natuurlijk ook mijn gezin, mijn man Dimitry en mijn kinderen, Roberto (9) en Jacob (4), want wat hebben zij de afgelopen vijf jaar tijdens dit ruime trendonderzoek vaak met elkaar moeten eten en het huishouden geklaard. Of ik zat zondagochtend vroeg weer met mijn neus in die computer. Jullie zijn geweldig! Tot slot wil ik mijn moeder bedanken die mijn 'open geest' altijd heeft gestimuleerd. Dank! Voor nu veel leesplezier en inspiratie toegewenst!

Andrea Wiegman
Amsterdam, 2014

Inhoud

Inleiding

Er is de laatste tijd veel aan de hand in de wereld, 'crisis' noemen de media dit sinds 2008. In de jaren die volgden zijn we langzaam tot het inzicht gekomen dat de wereld zoals we die kenden niet meer terugkomt. Dingen gaan helemaal anders, en met de komst van nieuwe technologie ontstaan er nieuwe verhoudingen en nieuwe relaties. We leven op een breukvlak van twee eeuwen, zoals historicus Jan Romein de vorige eeuwwisseling ooit beschreef. In de tijd waarin wij leven, geven wij de wereld vorm voor onze kinderen en kleinkinderen, voor de toekomst. Hoe gaan wij deze eeuw vormgeven? Die eeuw die eigenlijk nog maar pas begonnen is.

Als historicus ben ik goed bekend met breukvlakken. Revoluties en nieuwe ideeën zijn altijd mijn lievelingsonderwerpen geweest: de overgang van middeleeuwen naar renaissance, de Franse en Industriële Revolutie enzovoort, met alle sociaal-maatschappelijke en culturele implicaties van dien. In zulke tijden ontstaan nieuwe wereldbeelden, die de maatschappij soms aanvankelijk ontwrichten, maar later hun pas weer terugvinden en dan voor meer voorspoed zorgen. Zo gaat verandering in zijn werk, en daar hoeven we helemaal niet bang voor te zijn. Op korte termijn brengt het spanningen en ontwrichting met zich mee, maar op lange termijn is het noodzakelijk; een maatschappij kan nu eenmaal niet statisch zijn en vaststaan. 'The times they are a-changin", zong Bob Dylan in 1964, en in 1988 zei Eddie Murphy in de film *Coming to America*: 'It is also tradition that times must and always do change, my friend.' Kortom, verandering is van alle tijden. Maar wat zijn de dromen, ideeën, wensen, ambities en idealen van de mensen van onze tijd? Waarom waarderen mensen sommige zaken nu anders dan hun ouders en grootouders vroeger? En, niet onbelangrijk: voor welke toekomst kiezen zij? En waarom?

TOEKOMSTEN

Ik geloof dat we niet langer van één toekomst kunnen spreken. Daar kom ik later in het boek nog uitgebreid op terug. Op het moment hebben we te maken met zeer veel verschillende culturen en visies, ontstaan vanuit verschillende werelddelen en gevoed door mensen met diverse achtergronden. Ik spreek daarom graag over verschillende toekomsten – mogelijke toekomsten, voor de hand liggende toekomsten en, steeds belangrijker: wenselijke toekomsten. Welke toekomst ambiëren we?

We hebben dus een heel palet aan mogelijkheden als het om de toekomst gaat, en we zullen keuzes moeten maken die passen bij de tijd waarin wij leven. Als zowel klein als groot, links als rechts en zowel oranje als zwart tot de mogelijkheden behoren, hoe stellen we die toekomst dan samen? Dat is de grote vraag. Waaraan willen wij als tijdgenoten werken, welke toekomsten accepteren we wel en welke niet? Welke keuzes maken we? Maar ook, geven we ruimte aan onze en andere idealen?

Kijken we naar *wenselijke* toekomsten, vanuit de kennis en wijsheid die we nu hebben, dan hebben we het dus niet over het voorspellen van die toekomst. Trendonderzoek gaat ook niet om voorspellen of om gelijk krijgen. Het gaat om het herkennen en verkennen van mogelijkheden voor morgen vanuit de wereld van vandaag. Althans, voor mij. De wereld van vandaag is anders dan de wereld van gisteren, dus hoe zou hij morgen zijn? Dat noem ik *voorstellen*.

TERUGBLIKKEN EN VOORUITKIJKEN

Als we nu kijken naar de wereld waarin wij leven, wat zien we dan? En hoe kunnen we die wereld waarin links en rechts, groot en klein zich beide zo sterk ontplooien dan verklaren en grijpen? Het is al zo ingewikkeld om een juist beeld van het verleden te krijgen, hoe moet dat dan als we er middenin zitten, de bronnen nog niet compleet zijn en we zelfs niet alle variabelen kunnen kennen? Welke betekenis kunnen we geven aan de dingen die we om ons heen zien opduiken, met de kennis die we nu wel hebben? Hoe duiden we ontwikkelingen?

Daar zit de crux. Sommige historici vinden dat je je als historicus niet met vandaag moet bezighouden, en al helemaal niet met morgen, omdat we niet alles kunnen overzien. Dat is wel zo, maar in de trendwatching gaat het niet om wat we niet zien, het gaat om wat we *wel* zien. Wat kunnen we doen met wat we *wel* zien? Hoe zouden we het faillissement van Kodak, Oad Reizen en Polare eerder hebben kunnen zien aankomen? Of hoe hadden we het de directeuren en decision makers kunnen vertellen? Welke signalen hadden zij ook kunnen oppikken? In zekere zin is deze manier van trendonderzoek de studie van de geschiedenis op z'n kop: het gaat om terugblikken en vooruitkijken.

OP HET TWEEDE GEZICHT

Het beeld dat we opdoen aan de hand van snapshots is geen compleet beeld. Het zijn kleine momentopnamen van iets wat op meerdere plekken opduikt en waarvan we slechts een klein puntje of laagje zien. Zelfs als je erbij staat, zie je niet hoe veelzijdig en diepgaand zo'n snapshot kan zijn. Er is ruimte voor toevalligheid, voor gevoel, voor intuïtie en voor denken. De kennis die je door observatie opdoet, is niet louter cognitief of rationeel te verklaren. Je kunt op het moment zelf niet precies zeggen waarom je een snapshot van het een maakt en niet van iets anders. Dat is een subjectieve keuze, afhankelijk van dat moment. Het raakt je op de een of andere manier. Pas als je er later op terugblikt, de snapshot onder woorden brengt of aan anderen vertelt, ontstaat een inzicht of visie. Soms valt het kwartje pas jaren later. Bij dit proces speelt zowel de cognitieve als de emotionele kant van ons brein mee, onze linker- en rechterhersenhelft.

Op het tweede gezicht blijkt de snapshot vaak nog veel interessanter dan op het eerste gezicht. Dat tweede gezicht, het *second sight*, bereik je door er nog een keer naar te kijken, er over te praten, op te kauwen en het op die manier te plaatsen, te analyseren en er nog eens met andere ogen naar te kijken. Achteraf ontdek je altijd dat er nog meer verbanden en verbindingslijnen waren dan je van tevoren had gedacht of kon bedenken. Er kan ook sprake zijn van serendipiteit. Dat betekent dat je iets onverwachts en bruikbaars vindt terwijl je op zoek bent naar iets totaal anders. Dingen komen nu eenmaal, soms toevallig, samen. Ze blijken te kloppen. Altijd weer.

Wat zien we dan nu in de tijd waarin we leven? Ergens lijkt het of we een oude wereld achter ons laten en nieuwe elementen en technologieën ons tot nieuwe supermensen maakt. Maar tegelijkertijd zien we kleinschaligheid oppoppen en de *back to basics*-beweging groter worden. Er is evenveel vertrouwen als wantrouwen in die nieuwe wereld en je ziet evenveel mensen die de buurt en geschiedenis opnieuw ontdekken als mensen die juist hard vooruit willen, het universum er graag als leefwereld bij willen betrekken en het vooruitgangsideaal nastreven. Waar brengen deze twee compleet verschillende ontwikkelingen ons? Stop de tijd of hard vooruit? Voor een meer wetenschappelijk juist antwoord sluit ik me aan bij de historici. Die zeggen dat we dat pas achteraf kunnen weten en de toekomst niet te voorspellen is. 'Er is in theorie geen verschil tussen theorie en werkelijkheid, maar in de werkelijkheid is dat er wel', zoals de Amerikaanse honkbalcoach Yogi Berra eens zei. Dat is een ontnuchterend en niet bepaald geruststellend antwoord. Maar om nu toch een beter beeld van het heden te krijgen en daardoor met de neus in de juiste richting te gaan staan zodat er minder energie en kapitaal verloren gaat, schuil ik me even graag onder de trendwatchers, *forecasters* en futuristen. Die gaan op zoek naar de signalen, de onderhuidse ontwikkelingen, dromen, wensen, ambities en idealen van onze tijd die nu al wel zichtbaar zijn en proberen zich zo de toekomst voor te stellen: wat kunnen we wel zien aankomen?

Enerzijds kunnen we steeds nauwkeuriger onderzoek doen naar morgen en overmorgen. Met nieuwe technieken en doorbraken in neurowetenschap kunnen we steeds beter processen in het menselijk brein volgen. Zo weten we meer over mensen dan ooit. De Universiteit van Cambridge publiceerde onlangs een onderzoek waaruit bleek dat computers aan de hand van *likes* op Facebook iets kunnen vertellen over onze toekomst, relaties en voorkeuren: via ingewikkelde formules en algoritmen kunnen ze voorspellen op welke politieke partij we gaan stemmen en welke aankopen we zullen gaan doen.[1]

Dit is het terrein van de technologie, van *big data*, zoals dat ook wordt genoemd; dit terrein staat momenteel in de volle belang-

---

1 'Facebook "likes" predict personality',
www.bbc.co.uk/news/technology-21699305 en
www.pnas.org/content/early/2013/03/06/1218772110.full.pdf+html.

stelling van bedrijven. Aangezien er ook leemtes ontstaan, is er ook interesse in de meer menselijke vorm van onderzoek, waar natuurlijke eigenschappen zoals intuïtie ook thuishoren. Wij kunnen als mensen op meerdere manieren aanvoelen wat de wensen, ideeën, dromen en idealen van onze tijdgenoten zijn. Daar hebben we technieken en sensoren voor ontwikkeld die we bijna niet meer gebruiken. Zo zie je verhalen en storytelling als techniek weer opkomen. We maken subjectieve verhalen en delen die. Tijdens dit proces komt er interessante informatie naar boven en komen nieuwe inzichten op. Er is een verschil tussen data en inzicht. In dit boek ga ik dieper in op die wereld van en-en in plaats van of-of.

EEN COMPLEXE WERELD

We leven in een wereld vol schijnbare tegenstellingen, maar in werkelijkheid zijn alle zaken gemengd. De wereld waarin wij leven is niet zo makkelijk te duiden, te snappen of te verklaren; veel factoren of variabelen waarbinnen onze wereld is ontstaan en ontwikkeld, zijn te complex om in een paar zinnen te vatten. Deze variabelen zijn vaak ook nog onbekend, of – zoals het woord al zegt – variabel. Deze wereld is knap ingewikkeld geworden. We kunnen daarom niet zomaar zeggen: 'Klein is het nieuwe groot', of: 'Oranje is het nieuwe zwart.' Dat kan alleen in de marketing, om met een opvallende slogan het oog van de voorbijganger te trekken. Maar deze manier is te kort door de bocht om de toekomst en de tijdgeest van nu te duiden.

Als we dieper willen ingaan op de kansen die in de toekomst liggen, zouden we langer moeten stilstaan bij de betekenissen van 'klein' en 'groot', 'oranje' en 'zwart'. Wat houden deze begrippen en dus deze trends in? Wat betekenden ze gisteren, wat vandaag en wat morgen? Als je dat eenmaal goed op een rij hebt en de kern ervan begrijpt, dan begrijp je ook dat de werkelijkheid weliswaar complexer is, maar dat je er wel iets mee kunt. 'Klein' is klein, 'groot' is groot, maar er zijn zo veel tinten oranje en er zijn er ongetwijfeld nog meer in de maak. Elke tijd voegt er andere waarden aan toe. Als je die kent en hun invloeden begrijpt, ben je een stapje verder.

De werkelijkheid van nu is echter dat we met zo veel managers en zo veel experts er toch een grote chaos van hebben gemaakt. Juist door zoveel focus hebben we veel bereikt en er tegelijk een zootje van gemaakt. Oude structuren zijn broos geworden en de toekomst is 'open'. Deze tijd is 'hyperdynamisch' te noemen, omdat er zo veel mogelijk is; op allerlei fronten gebeurt en verandert er van alles. Op allerlei gebieden zien we nieuwe inzichten opduiken: technologie, economie, ecologie, politiek, cultuur.

COMPLEET ANDERS

De moderne consumptiemaatschappij bracht ons auto's, televisies, koelkasten, wasmachines, banken, horloges, boeken, espressoautomaten en Wonderbread – het Amerikaanse brood waar ik in snapshot 2 op terugkom. We vragen ons nu aan de ene kant af of we ook met minder kunnen leven en of al die spullen ons wel zo gelukkig hebben gemaakt. Aan de andere kant kunnen we niet ontkennen dat we langer leven, meer van de wereld zien en steeds meer weten. Er komt een overvloed aan nieuwe mogelijkheden op ons af, die de productiewijzen weleens zodanig zouden kunnen veranderen dat we onbeperkt kunnen consumeren. Dat we misschien helemaal geen brood meer nodig hebben en dat ons afval een nieuwe grondstof zou kunnen worden, waardoor we op een hele andere manier gaan kijken naar het proces van productie en consumptie. De wereld die in de maak is, zou weleens compleet anders kunnen zijn dan de wereld van gisteren.

Denk aan alle innovatie: er blijkt steeds meer te kunnen. Leven op Mars of een groene Sahara liggen binnen de mogelijkheden. We hebben onze leefwereld in een korte tijd enorm kunnen vergroten, maar hoeveel stappen verder zijn we gekomen? Als ik hierover nadenk, moet ik soms denken aan Alice in Wonderland, die alsmaar rondjes in de tuin rende en op het einde weer bij dezelfde poort stond. Wel had ze duizelingwekkend veel inspiratie opgedaan. Of denk aan de isometrische illusies waarin hol bol lijkt en andersom, die we kennen van de tekeningen van Escher. Snapshots, metaforen en verhalen passen bij een bepaalde tijd en de manier waarop mensen die tijd interpreteren.

KLEINE EN GROTE VERHALEN SAMENBRENGEN

In deel 1 van dit boek laat ik snapshots zien die gaan over de hang naar kleinschaligheid. Stop de tijd. Mensen willen 'terug naar de basis' en verlangen naar menselijkheid, naar *slow living*, authenticiteit en meer aandacht voor de buurt. De geschiedenis gebruiken zij daarbij als inspiratie. Ze hebben liever kwaliteit dan kwantiteit: liever een paar goede echte vrienden dan massa's virtuele vrienden op Facebook. Aandacht voor elkaar en voor de omgeving en tijd zijn de bijbehorende nieuwe waarden. Deze trend groeit gestaag door.

Deel 2 gaat over grote ambities en de wens van sommigen om onze leefwereld nog verder uit te breiden. Het gaat over grenzeloze ambities, zoals de expansie van de mensheid naar andere planeten, wat technologie ons verder nog kan bieden en hoe we tegelijkertijd in meerdere werelden kunnen leven. Deze mensen willen hard vooruit dankzij de nieuwste technologie en zien enorme kansen in het verschiet. Snel, sneller, snelst. Sciencefictionverhalen over de toekomst en mogelijkheden in de toekomst fungeren hier als motivatiebron.

Nu we beide ontwikkelingen, de hang naar groot en klein, tegelijkertijd zien ontstaan, komen we voor nieuwe uitdagingen en
nieuwe vragen te staan. Hoe gaan we die toekomst vormgeven
met de kennis die we nu hebben en die we van dag tot dag ontwikkelen? Hoe gaan we in deze eeuw verbindingen leggen? Hoe
gaan verschillende disciplines samenwerken om die werkelijkheid van schijnbaar tegenstrijdige belangen als klein én groot
samen te brengen of vreedzaam naast elkaar te laten bestaan?
Vanuit welke inzichten, disciplines en constructies zullen we de
komende jaren bouwen? Wat zijn de nieuwe gedachten over die
nieuwe wereld die in de maak is? Daarover vertel ik meer in deel
3, over samenbrengen.

De ene keer bekijken we de dingen van heel dichtbij – met een
microscoop kijken we naar de kleinste dingen en de kleinste veranderingen – en dan weer maken we grote stappen en bekijken
we ze van verder weg, om die dingen in een groter geheel te plaatsen. De ene keer duiken we er diep in, met ons hele gevoel, dan
zoomen we weer uit en bekijken we hetzelfde vanuit een compleet
ander gezichtspunt. We vertrekken vanuit die gedachte, dat 'de
enige echte ontdekkingsreis niet gaat om het vinden van nieuwe
landen, maar in het krijgen van nieuwe ogen', zoals Marcel Proust
het verwoordde in zijn romancyclus *A la recherche du temps perdu.*
Op die reis sla je beelden op die op je netvlies komen – snapshots.

DE SNAPSHOTS

Alle snapshots die ik in dit boek deel – of het nu gaat om koffie,
een nieuwe haarkleur, een Amerikaanse architect die besluit om
Franse bakker te worden, het herontdekken van sciencefictionverhalen of de uitvinding van een tweede leven online – passen
in de huidige tijdgeest. Het zijn typische voorbeelden en verhalen
van onze tijd.

Dit boek gaat over de dromen, wensen, idealen en ideeën van mensen die nu leven. Mensen die nadenken over hun leven en dat van hun kinderen en kleinkinderen. Het zijn stuk voor stuk voorbeelden en inzichten die ook andere mensen inspireren om hun droom na te jagen.

Het verhaal over koffie had ook over spijkerbroeken kunnen gaan, het verhaal van de haarkleur ook over jassen, het verhaal van de bakker ook over de uitgeefwereld en het verhaal van de sciencefictionverhalen over een nieuwe fabriek. Al deze snapshots zijn slechts voorbeelden; ze zijn inwisselbaar. Het gaat om de motivaties, de nieuwe manieren van denken en handelen en de andere bril waarmee mensen naar de wereld kijken. Wat willen we anders dan gisteren en waarom?

Ik ga in deze snapshots op zoek naar de beweegredenen van deze mensen om dingen anders te doen dan ze waren. Waarom vernieuwen ze? Wat kon beter of anders en waarom? Dit boek draait dus eigenlijk om de vernieuwers en hun uitvindingen, collecties, bevindingen of ideeën. Deze mensen zijn soms vernieuwers zonder dat ze het zelf doorhebben. Ze werken zowel aan grote verhalen als aan kleine verhalen, maar vaak zijn het motivators of inspirators voor anderen. Deze vernieuwers zoeken het dichtbij en ver weg, en gebruiken de geschiedenis of juist hun idee over de toekomst om hun eigen tijd vorm te geven.

Ik laat hier slechts een selectie zien uit de snapshots die ik de afgelopen jaren heb verzameld, die mij een bepaald inzicht hebben gegeven en die voor mij de wortel van een verandering vertegenwoordigen. Ze passen binnen de trend 'kleinschaligheid' of binnen de trend 'schaalvergroting', binnen de trend 'terug naar de basis' of de trend 'hard vooruit'. Soms vertegenwoordigen ze meerdere trends. Ze hebben gemeen dat ze allemaal passen binnen de trends van deze tijd.

Er zijn natuurlijk veel meer voorbeelden van deze trends die het tijdsbeeld bepalen. Ik hoorde laatst een meteoroloog zeggen: 'Er zijn veel tyfoons nodig om, met het juiste statistische gereedschap, eventuele trends te kunnen lospeuteren, om iets over het klimaat te zeggen.' Zo werkt het bij trendonderzoek doorgaans ook: één zwaluw maakt nog geen zomer. Als meerdere verhalen onder dezelfde noemer vallen, kunnen we een trend, een tendens of een ontwikkeling ontwaren, soms in een vroeg stadium en soms pas in een later stadium. Ik heb ervoor gekozen om hier de snapshots te delen die mij iets vertelden over de wortel van een bepaalde verandering, de motivatie voor opkomende stijlen, gedachtes of bedrijven. Een bedrijf als Facebook valt niet zomaar uit de lucht en de teloorgang van een bedrijf als Kodak gaat ook niet van de ene op de andere dag. Als je goed kijkt, zijn er signalen die zulke bewegingen aangeven, en daar kun je iets mee doen.

NIEUWE MYTHES

Dit boek heet *De tijdgeest ontrafeld.* Het gaat over het 'ontrafelen' van een grotere ontwikkeling, dat betekent dat je een verhaal of idee van laagjes ontdoet. Die laagjes pel ik er dus stuk voor stuk af, en ze leiden op hun beurt tot nieuwe verhalen en inspiraties. Dit boek gaat daarom over nieuwe mythes die op oude zijn gebaseerd. Ik ga op zoek naar de karakters, de nieuwe helden, de dieperliggende beweegredenen en motivaties, over processen en reizen die deze vernieuwers – ontwerpers, ondernemers, wetenschappers of kunstenaars – hebben ondernomen. Het kan zijn dat deze vernieuwers zelf niet op zoek zijn naar een achterliggend verhaal, maar onbewust vernieuwen door gewoon te doen wat ze willen doen of wat ze vinden dat ze moeten doen. Zo werkt vernieuwing: ze hangt in de lucht, en vaak onbewust wordt ze opgepikt en worden er nieuwe ideeën, producten of diensten ontwikkeld. Er ontstaat een geheel nieuwe wereld, met eigen verhalen en verklaringen. Een nieuwe tijdgeest is geboren. De snapshots komen van over de hele wereld. Ze zijn in principe universeel; ze zijn maar beperkt plaats- en tijdsgebonden. Ze vertegenwoordigen een periode van minimaal tien jaar en zijn over de hele wereld toepasbaar. Timing en plaatsing is hier belangrijker dan de vaste begrippen tijd en plaats. Trendwatching is een dynamisch onderzoek, zonder begin of einde. Alles is continu aan verandering onderhevig, maar gelukkig gaat de verandering niet zo snel dat we haar niet kunnen bijhouden.

In *De tijdgeest ontrafeld* gaan we van snapshots naar trends en daaraan voorbij. Wat zeggen de dromen en wensen, ideeën en idealen van mensen die ik hier beschrijf over morgen en overmorgen? Die snapshots samen maken de trends, de trends tezamen vertellen ons meer over de tijd waarin we leven – over hoe mensen die nu leven denken en handelen. Over hun kenmerkende motivaties. Dat is tijdgeest; het gaat over cultuur, over sociaal-maatschappelijke uitdagingen, over innovatie en technologie, ook over politiek en organisatie. We duiken eerst diep die voorbeelden in, we kijken terug en vooruit. De oudste snapshot in dit boek dateert uit het jaar 2008, het jaar dat met de val van Lehman Brothers voor een groter publiek de nieuwe werkelijkheid aan het daglicht kwam – al was deze in werkelijkheid natuurlijk al veel langer op gang. En we beginnen met kwaliteitskoffie ...

DEEL 1

KLEINE VERHALEN

*In deel 1 van dit boek presenteer ik snapshots over
de hang naar kleinschaligheid en menselijkheid.
De mensen in deze verhalen willen terug naar de
basis, door middel van slow living, aandacht voor
de buurt en authenticiteit. De geschiedenis dient voor
hen als inspiratiebron en ze hanteren aandacht en
tijd als nieuwe waarden. Deze trend groeit door.*

November 2010, Blue Bottle Coffee

'History doesn't repeat itself, but it does rhyme'
— Mark Twain

Het Hof zur blauen Flasche was een fenomeen in Europa. Het was een van de eerste en meest fameuze koffiehuizen in Wenen, na de Turkse belegering opgericht door de Pools-Litouwse Jerzy Franciszek Kulczycki (ook bekend onder de naam Georg Franz Kolschitzky). Kulczycki was een koopman, diplomaat, soldaat en spion die in de tijd van het Ottomaanse rijk in Wenen zetelde. Na de slag om Wenen in 1683 verbleef hij daar als strateeg, handelaar en spion. Hij miste de Turkse cultuur en met name de goede koffie die hij altijd dronk voordat hij Turkije verliet. Dat bracht hem ertoe om ook in Wenen een koffiehuis naar Turks voorbeeld op te richten. Tegenwoordig heet het koffiehuis in Wenen Café Central, maar het is nog steeds een bezienswaardigheid. Jaarlijks proeven honderden toeristen daar de Wiener Melange.

AANDACHT VOOR HET PROCES

De blauwe fles staat nog steeds symbool voor de beste of superieure koffie en de *lifestyle* eromheen. In 2002 sloot de Amerikaan James Freeman zich aan bij de traditie met zijn Blue Bottle Coffee. Hij opende een koffiebar in Oakland, Californië, waar hij koffie wilde maken zoals koffie bedoeld was. Freeman is van origine muzikant en was in 2008 op zoek naar een extra bron van inkomsten, omdat hij met zijn muziek alleen niet genoeg kon verdienen. Als *coffee freak* of *coffee addict*, zoals hij zichzelf noemt, volgde hij zijn hart en besloot om echte koffie te gaan schenken. Het was in dezelfde tijd dat we in Europa massaal aan de Nespresso gingen en de barista's naar Italiaans voorbeeld opkwamen. Zelf dronk ik toen dagelijks koffie bij de Nederlandse Coffee Company, en ook bij Starbucks kwamen mensen massaal voor een goede mok koffie.

Freeman wilde weg van het Amerikaanse halflauwe slootwater en terug naar de essentie van koffie, zoals hij dat in Japan had gezien. Tijdens een verblijf in Tokio zag hij hoe de koffiecultuur daar bloeide en kwam hij erachter hoe koffie ook kon smaken. Japanse barista's besteden veel aandacht aan de perfecte bereiding. De boon wordt met de uiterste zorg gebrand en gemalen. Vervolgens wordt de koffie tijdens het zetten zorgvuldig behoed voor de invloed van onnodige metalen en plastics, alles om de optimale smaak te behouden. Dat betekent dat in het maakproces alle overbodige materialen of hulpstukken uit de machines gehaald worden zodat de filters met zo weinig mogelijk poespas en plastics de beste koffie kunnen maken. In Japan, en zeker in Tokio, zijn ambachten tot ware levenskunst verheven en is het belangrijk om de volle aandacht te geven aan het proces. De beste koffie wordt er dan ook gemaakt van de juiste, versgemalen boon en met uiterste concentratie bereid, waardoor hij perfect van smaak is. Ook mag de koffie niet langer dan 48 uur voor bereiding worden gemalen. De koffie moet zo vers mogelijk zijn om de optimale smaak te behouden. James Freeman wil als ondernemer deze liefde voor het product delen, en daarom wordt zijn koffie pas vlak voor gebruik gemalen.

In 2010 proefde ik voor het eerst Blue Bottle Coffee. Sindsdien is deze koffietrend alleen maar verder doorgegroeid: koffie wordt steeds vaker weer met liefde en aandacht gezet, met uiterste zorg voor de boon en met volle concentratie op het proces. Vanzelfsprekend worden bij Freemans Blue Bottle Coffee alleen bonen zonder toevoegingen en pesticiden gebruikt. De juiste bonen worden precies gemalen voor de juiste zetmethode – een nauwkeurig werkje, wil je de echte smaak van koffie niet verloren laten gaan.

Koffiezetten bij Blue Bottle gaat als volgt: per kopje worden de bonen vers gemalen. Met alle rust, focus en precisie schenken de barista's water op de versgemalen koffie. De koffie mag zo weinig mogelijk materialen aanraken om de echte en oorspronkelijke smaak van de boon te behouden. De barista's maken daarvoor bijvoorbeeld gebruik van zogenaamde naked portafilters, filterdragers waarbij de onderkant verwijderd is, zodat het water door de koffie direct in het kopje loopt. Ook verkopen ze *drip coffee*, de filterkoffie zoals wij in Nederland ook van vroeger kennen. Dit is van oorsprong een Noord-Amerikaanse en Europese manier van koffiezetten. *Drip coffee* wordt gezet in een filterstation, een opstelling waarop losse porseleinen filterhouders staan en waarmee de koffie per kopje vers wordt gezet. Niet alle bonen zijn hiervoor geschikt, maar de barista weet precies welke bonen hij moet gebruiken. Koffiezetten is bij Blue Bottle een vak, een kunst, een specialisme waar bepaalde kennis voor nodig is. De barista's beheersen de kunst en de rust om de ultieme koffie uit de juiste boon te halen.

SLASH/SLASH GENERATION

Elk land kent zijn eigen koffiebeleving. Freemans idee was om uit al deze verschillende koffieculturen de mooiste methodes, apparaten, processen, malingen en bonen te kiezen en daaromheen een eigentijds concept neer te zetten. Al snel opende hij nieuwe filialen buiten Oakland en richtte hij een eigen koffiebranderij op in Williamsburg in Brooklyn, New York. Deze nieuwe koffiecultuur was niet plaatsgebonden, maar paste bij steden, en vooral bij hippe en opkomende wijken. Brooklyn was dan ook een perfecte plek voor Freemans eerste branderij: het was een van de eerste plekken in Amerika waar de 'back to basics'-levensstijl voet aan de grond kreeg.

Vroeger, ook in de tijd van Kulczycki, was het vrij normaal dat mensen meerdere banen hadden, ze waren bijvoorbeeld koopman en diplomaat. Ook dat zien we sinds 2008 weer opkomen: in het Amerika van na 2008 is het zelfs noodzakelijk geworden om in je levensonderhoud te voorzien en de huizenbubbel te overleven. Als je niet bij de overheid of voor een groot bedrijf werkt, red je het bijna niet meer om te voorzien in basisbehoeften als eten, drinken en wonen. De generatie creatieve ondernemers wordt daarom ook weleens de *slash generation* genoemd; ze zijn bijvoorbeeld ondernemer/ambachtsman/student, en doen vele dingen tegelijkertijd; in hun werk, maar ook in hun persoonlijk leven.

Met die complete aandacht voor focus en expertise rondom één product of dienst, of ambacht groeit ook hobbywerk – liefdewerk oud papier; leven voor het vak, in plaats van leven voor de winst, het mag weer. In deze stijl is er weer respect voor het leerproces. Je mag of moet in deze stroming de tijd nemen om iets te leren. Het 'meester-gezel-leerling'-principe van de ambacht is daarmee teruggekomen in de economie. Kwaliteit heeft een waarde.

Ook consumenten worden bewuster en laten zich verleiden door goede producten, kwaliteit en verhalen. Freeman werkt alleen met de beste bonen. Ze worden met zorg geselecteerd en er is aandacht voor het verhaal achter de bonen; de oorsprong van het product, de geschiedenis en de plek en cultuur waar het vandaan komt. Het zetten van de koffie gebeurt met alle aandacht en op ambachtelijke wijze waarvoor oude bereidingswijzen en apparaten nieuw leven wordt ingeblazen: Japanse koffiesifons en porseleinen filterhouders.

Opvallend is ook hoe de barista's zich kleden: klassiek, ambachtelijk, verzorgd. Het lijkt wel alsof ze uit de set van een film uit de jaren twintig of dertig zijn gestapt. Vintage petten, veel bruintinten, grijskleuren, bretels en houthakkersshirts, en al in 2008 droegen ze baarden en snorren en waren ze verzorgd gekapt. Hipsters, zoals deze zelfbewuste jongemannen sindsdien ook wel worden genoemd. Maar uiteindelijk gaat het niet om de kleding, maar om het precisiewerk van het selecteren, branden, malen en bereiden van de koffie – ook dat zie je. Koffie maken is hier verheven tot een dagtaak, een echt ambacht. Ook de muziek die er wordt gedraaid is met zorg gekozen. Je ruikt de kwaliteit van de koffie en je voelt de rust en de focus van de barista's.

In 2009, 2010, toen ik dit voor het eerst zag, zaten wij in Nederland volop aan de Nespresso. In New York en San Francisco was de ambachtelijke koffie à la Blue Bottle al verder doorgedrongen in het straatbeeld. Drip Coffee in Dallas, Texas, Ritual Coffee Roasters en Four Barrel Coffee in The Mission in San Francisco – allemaal begrippen in hun eigen buurt. Bijna elke wijk had zijn eigen koffietent, soms meerdere, waar de bonen verpakt werden en alleen verse koffie werd geschonken, en waar mensen elkaar ontmoetten. Bij de Bi-Rite-supermarkt, ook in de wijk The Mission, kon je kiezen uit meerdere soorten lokaal gebrande koffiebonen. San Francisco was toen overigens sowieso al stukken verder dan wij met gezond en bewust consumeren, ecologische producten en afvalscheiding.

VINTAGE

Zo gaat het bij het 'spotten' of 'snapshotten'. De trend is soms op lokaal niveau al vrij groot wanneer we de uitingen waarnemen. Als er meerdere varianten van eenzelfde concept of fenomeen zijn, betekent het dat de trend leeft. Het kan gaan om me-too's, maar ook om concepten met een iets andere filosofie erachter; de tijd is er dan blijkbaar rijp voor. De manier van koffiezetten volgens het idee van Freeman is niets nieuws; hij doet het op een zeer traditionele en oude manier. Hij richtte Blue Bottle op in dezelfde tijd dat ook vintage kleding en meubels uit de jaren vijftig, zestig, zeventig en tachtig weer populair werden, dat de serie *Mad Men* op televisie was en we blijkbaar op zoek gingen naar waardevolle dingen, producten en processen uit het verleden. *Vintage* of *heritage* werden deze stijlen genoemd. Deze concepten ontstaan niet louter vanuit nostalgische beweegredenen, maar ook als ontdekkingsreis naar een volgende stap, naar wat er nou werkelijk toe doet in het leven. Het gaat ook om het verzamelen van kennis en kunde, de oorsprong van dingen, een hang naar echtheid of authenticiteit, naar aandacht en de ultieme belevenis van het moment.

Freeman raakte zoals gezegd geïnspireerd door de koffiecultuur en koffiebeleving in Japan. Hij werd als koffiegek bijna verliefd op de ouderwetse sifon en wilde dit importeren. Hij zag dat opkomende wijken als Brooklyn in New York en SoMa (South of Market) in San Francisco er rijp voor waren, en op het juiste moment opende hij de eerste Blue Bottle koffiebars. Hij had toen nog geen idee dat hij dit concept binnen vijf jaar tijd voor bijna twintig miljoen dollar zou verkopen. Hij volgde zijn hart, zijn passie, en achteraf bleek dit een schot in de roos. Van tevoren had hij alleen wat signalen opgepikt, die hij vervolgens goed uitwerkte.

Een trend komt meestal geleidelijk op. Hij ontwikkelt zich, en heeft wortels en een toekomst. Een trend kan groeien, maar ook weer afnemen. Er zijn altijd meerdere factoren die de groei van een trend beïnvloeden. Een trend staat bijna nooit op zichzelf, maar is diepgeworteld in een cultuur en past in de tijd waarin we leven. Een trend heeft vaak economische, ecologische, technologische en culturele wortels; alles heeft met elkaar te maken. Daardoor kun je een trend ook breed in de samenleving waarnemen. Welke snapshots je neemt, maakt niet uit. Als je alle beelden op een stapel legt, zie je een patroon ontstaan: je ziet dan dat er iets groeit of bloeit binnen een samenleving, cultuur of generatie. Zo is het ook met deze zoektocht naar de perfecte koffie. Die is deel van een hernieuwde zoektocht naar kwaliteit van leven, die we ergens onderweg zijn kwijtgeraakt, ontspoord in het artificiële. Terugkijken geeft altijd een beter beeld. Als je midden in de ontwikkeling staat, is de trend nog niet uitgegroeid en kun je niet het volle overzicht hebben. Toch kun je richting herkennen en daar gaat het om. Ik zeg het vaker: het gaat niet om wat je niet ziet, het gaat om wat je wel ziet.

TASTBARE BELEVING

Terug naar de ambachtelijkheid. Het is duidelijk dat de massaconsumptie, massaproductie en massacommunicatie tegenwoordig tegen hun grenzen aanlopen. Grote bedrijven geloofden dat hun omzet altijd zou blijven groeien, maar dit blijkt niet langer haalbaar. Sommigen hadden dit in de jaren zeventig van de vorige eeuw al door, maar sinds het vorige decennium zien we het inzicht dat iets niet eeuwig kan blijven groeien echt toenemen.

Vanuit dit inzicht is de nieuwe avant-garde op zoek naar vernieuwing, of (in dit geval) naar het heruitvinden van bepaalde dingen. Daarvoor duiken ze het verleden in, op zoek naar andere waarden, ambachten en de tactiliteit van het moment. De maakindustrie voedt deze tastbare beleving, waarin tastzin, smaak, geur en gevoel weer worden geprikkeld, waarin wordt gezocht naar nieuwe en eigentijdse methoden en technieken die de menselijke waarde in de kern raakt. Mensen willen dit proeven, voelen, horen en ruiken, alle zintuigen komen eraan te pas. Deze trend is sinds 2008 gegroeid en is niet meer weg te denken uit het straatbeeld. Mannen met baarden, vintage kleding, aandacht voor oude literatuur, voor klassiekers, gevoel voor esthetiek en aandacht voor het product: het is weer terug van weggeweest. Blue Bottle Coffee is een mooi voorbeeld van deze trend, maar dit verhaal had net zo goed over een spijkerbroek of lokaal gebrouwen bier kunnen gaan.

Als we de trend nog dieper willen doorgronden of de wortels van deze stroming willen begrijpen, moeten we ons afvragen waarom jonge mensen nu kiezen voor deze ouderwetse koffie van Blue Bottle, Rituals of Four Barrels. Waarom willen zij minder massaproductie en zijn zij op zoek naar ouderwetse waarden? Waarom kiezen ze voor kwaliteit boven kwantiteit? Dit zegt iets over de tijd waarin we leven. Als je dit doorgrondt, kun je deze trend vertalen naar andere industrieën en producten, van een fiets tot scheerapparaat en zelfs reclamecampagnes en nieuwe diensten. Wat voor signaal is dit, en wat zegt het over de tijd waarin we leven?

Snapshotten begint vaak op straat. Op straat kun je veel waarnemen, maar ook in winkels, restaurants of cafés. Je kijkt naar het interieur, naar de mensen, naar hun kledingstijl, hun schoenen of make-up, naar hun haardracht, of zelfs de kleuren die worden gebruikt. Sommige wijken en steden lenen zich hier goed voor, bijvoorbeeld The Mission en SoMa in San Francisco, of Brooklyn en Williamsburg in New York. In 2009 zag je veel bruintinten en grijstinten, de jaren dertig zo 'uit de set'-stijl die ik hiervoor omschreef. In die wijken vind je een avant-garde van nu, daar zetten nieuwe, innovatieve ondernemers nieuwe concepten en levensstijlen neer – op het gebied van voeding, kleding of eigentijdse retailconcepten. Daar komen oude ambachten weer tot leven. Net-afgestudeerden beginnen er een bakkerij of een uitgeverij. Wekelijks zijn er in-home bierfeestjes en de bloeiende lokale economie geeft een nieuwe impuls aan de buurt. Boekhandels, platenzaken, winkels voor vintage mode en vintage meubels, fietsenwinkels, goede bakkers en taartwinkels: het leven op straat is een feest, zeker op zaterdag- en zondagmiddag. In wijken als deze komen hippe, jonge mensen samen. Ze hebben weinig met het kapitalisme, dat zichzelf vanaf 2008 in diskrediet heeft gebracht. Ze vinden kleinschaligheid belangrijk, de buurt, mensen of spullen met een verhaal. Zij geven de voorkeur aan inhoud boven uiterlijk vertoon. Hun idealen lijken wel een beetje op die van de hippies een generatie eerder, maar ze zijn pragmatischer en ondernemender. Het gaat hen niet louter om liefde en idealen.

Je kunt pas spreken van een ontwikkeling of een trend als je iets meer dan eens hebt gezien, als meerdere mensen op verschillende plekken het hebben opgepakt. Trendonderzoekers gebruiken graag de regel dat als je iets 'drie keer' hebt gesignaleerd, je kunt verwachten dat je het ook een vierde of vijfde keer zult tegenkomen. Als je een fenomeen drie keer hebt onderzocht en de onderlinge gelijkenissen ziet, begrijp je het de vierde en vijfde keer ook. De trend leeft dan, en je pikt de voorbeelden daarna veel gemakkelijker op. Deze lijken een logisch gevolg te zijn van de eerdere manifestaties. In trendonderzoek is ruimte voor intuïtie en openstaan voor nieuwe dingen, maar tegelijkertijd zijn de ontwikkelingen logisch en verklaarbaar. Zelfs op het eerste gezicht atypische en creatieve uitspattingen kloppen als je ze analyseert en verbindt met andere signalen.

Er bleek weer een behoefte te ontstaan voor echte koffie zoals koffie zou moeten zijn, en daar blijken mensen dan best een paar dollar of euro voor te willen betalen. Mensen willen weer kwaliteit van leven, ze willen het geluk uit kleine dagelijkse rituelen halen. Echt, puur en authentiek – zo vanzelfsprekend was dat een jaar of tien, vijftien geleden niet meer.

HOTSPOTS

De koffiebar is ook een zakelijke ontmoetingsplek geworden. Veel mensen werken tegenwoordig immers voor zichzelf en willen niet meer een vast kantoor. Dit zie je ook in Amsterdam: allerlei mensen werken met hun laptops in een koffiebar of drinken er druk pratend hun koffie. Jong en oud, man en vrouw. Het is niet de eerste keer in de geschiedenis dat dit gebeurt.

Het café, de koffielounge is vaker een plek geweest waar onafhankelijken, maatschappijcritici, intellectuelen en andere vernieuwers – kortom: de avant-garde – samenkwamen om over nieuwe ideeën, denkbeelden en stromingen te praten. Blijkbaar gedijt vernieuwing goed onder het genot van deze warme cafeïnehoudende drank.

In bepaalde wijken, in bepaalde tijden en over de hele wereld zie je dezelfde levensstijlen opkomen. Hotspots, zo worden deze plekken genoemd. Kunstenaars, schrijvers, creatieven verzamelen zich daar om elkaar te ontmoeten en ideeën te delen. Voor het vak van trendonderzoek zijn avant-gardes en hotspots belangrijk. Daar herken je nieuwe levensstijlen en zie je soortgelijk gedrag. Avant-gardes hebben een soort zesde zintuig voor nieuwe ideeën, ze zijn vaak maatschappijkritisch en hebben een bepaalde mate van vernieuwingsdrang. Waar de gevestigde orde druk is met de waan van de dag, met organisatie of vergaderen, zijn zij beter in het aanschouwen en analyseren van de tijdgeest. Zoals Simone de Beauvoir, Jean-Paul Sartre en Picasso zich in de jaren vijftig en zestig verzamelden rondom café Flore of les Deux Magots in Parijs, zo kwamen in het fin de siècle de intelligentsia, wetenschappers, schrijvers, kunstenaars en jonge filosofen samen in de Weense koffiehuizen. Onder hen waren Sigmund Freud, Carl Jung, Gustav Klimt, maar ook de schrijver Mark Twain; allemaal zochten zij op dat moment naar vernieuwing. Deze generatie wilde breken met de gewoontes en ideeën van hun ouders en voorouders en had zin om een nieuwe eeuw vorm te geven – en precies dit proefde ik ook in het San Francisco van 2010. Nieuwe ideeën over economie en samenleving, technologie en recht werden gedeeld onder het genot van ambachtelijke koffie. Wat goed is voor het lichaam, is goed voor de geest en wat aandacht krijgt, dat bloeit. Dat inzicht wordt door deze generatie van jonge ambachtslieden en tegelijkertijd tech-freaks gedeeld.

In het Wenen van het fin de siècle was de avant-garde de gezapigheid, het strakke regime en de macht van de adel en het leger beu, zoals de jonge voorlopers van nu de macht van het grote geld, van achteloosheid en platheid en Excel-sheets beu zijn. Het moet dieper, echter, beter en menselijker, met meer respect. Daarom moeten we op zoek naar nieuwe vrijheden en echte waarden. In deze trend groeit de aandacht voor vintage, voor spullen en dingen met een verhaal, voor geschiedenis en existentie, voor kwaliteit van leven. Jonge, ambitieuze mensen willen iets bijdragen aan de omgeving en aan de wereld. Dat begint klein, met liefde voor de buurt, de omgeving en het product. Het is cultuurkritiek met een enorme vernieuwingslust, die anders wil doen en ondernemen. De ondernemers zijn pragmatisch en gefocust. Ze weten wat ze willen. Ze zijn op zoek naar nieuwe rijkdommen en zoeken die in de vele verhalen, ideeën en producten die om ons heen liggen.

KLEIN IS MOOI

Elke keer als ik in San Francisco kom, voel en zie ik de banden met het Oosten. Californië is een plek waar West en Oost samenkomen. Je vindt er een mooie mix van levensstijlen die het beste van de twee culturen herbergt.

Freeman zegt: 'Ik zal alleen verse koffie aan mijn klanten verkopen, koffie die vers gemalen is. Alleen dan kunnen ze van de echte pure koffie genieten. De koffie die ik schenk, is op zijn hoogtepunt in smaak. Verder zal ik alleen gebruikmaken van biologische koffie, vrij van pesticiden. Bij ons serveren we alleen de beste koffie.' In 2012 werd Blue Bottle Coffee voor bijna 20 miljoen dollar verkocht. Dat laat zien hoe groot deze kleinschaligheidstrend geworden is. Er zijn steeds meer bewuste consumenten die de kwaliteit van producten belangrijk vinden. Blue Bottle Coffee werd opgericht uit iemands hart en heeft daardoor snel een grote economische waarde gekregen.

Freeman wist dat er aan de authentieke manier van koffie maken, zoals hij die in Japan had gezien, ook in Amerika behoefte was, hij zag dat in opkomende wijken. Maar dat hij er op een dag miljonair mee zou worden had hij waarschijnlijk niet gedacht, en dat was zijn primaire doel ook niet. Er zijn meer voorbeelden van bedrijven die zo snel gegroeid zijn en een groter succes geworden zijn dan de oprichters aanvankelijk hadden durven dromen. We leven in een paradoxale tijd. Enerzijds verliest geld snel zijn waarde, denk aan de enorme schulden van staten en steden, anderzijds is de tijd enorm rijk en hebben we toegang tot een enorm aantal verhalen, landen en plekken. De wereld is mede dankzij het internet een stuk kleiner geworden, en daardoor is het aan de andere kant mogelijk om van iets kleins heel snel groot te worden. Sociale netwerken als Facebook of Instagram staan vol met verhalen of snapshots zoals deze. Dankzij deze globalisering kunnen we, paradoxaal genoeg, weer kleine lokale concepten lanceren die het leven in de buurt prettig en uniek maken. De eenheidsworst zoals we die kennen uit winkelstraten waar alle ketens hetzelfde zijn, maakt plaats voor een hernieuwde aandacht voor de mens en producten.

Misschien zijn passie en het delen van die passie wel een van de belangrijkste motivaties van ondernemers zoals Freeman. Zij willen hun passie voor het product, hun liefde voor de juiste bereidingswijze, delen met het publiek. En als je dat goed doet, loont dit ook. In de geest van het beroemde boek *Small is Beautiful* (1973) van E.F. Schumacher zien we mensen afstand doen van de problemen die schaalvergroting met zich heeft meegebracht en teruggaan naar het kleine denken waarin de menselijke maat centraal staat. Als je van koffie houdt, drink je graag goede koffie. Het is een ambacht, of misschien zelfs een kunst, om die te maken. Dat kost tijd, en daardoor heeft het een waarde.

Arnold Heertje publiceerde in 2006 zijn boek *De Echte Economie. Een verhandeling over schaarste en welvaart en over het geloof in leermeesters en lernen.* Toen ik in september 2008 Heertje hoorde spreken, net na de val van de bank Lehman Brothers – een bank die eigenlijk te groot was om failliet te gaan, maar toch ten onder ging – wist ik dat er een nieuwe economische stroming zou opkomen die economie als sociale wetenschap zou benaderen. In deze 'echte economie' ging het niet om dat economische spel voor enkele uitverkorenen die met ingewikkelde rekensommen zelfs kunstmatig schaarste konden creëren. In tegenstelling daartoe ging het in deze nieuwe stroming om het samenleven en samenwerken, om de interactie tussen mensen en de bronnen.

Het verhaal van Blue Bottle Coffee is een voorbeeld van deze echte economie. In deze echte economie kan waarde worden gecreëerd en dus ook geld worden verdiend. Maar om iets te laten groeien, moet je het wel aandacht geven, veel aandacht. Heertje was in 2008 ergens wel blij met de financiële crisis, omdat daardoor voor veel mensen de signalen zichtbaar werden dat we niet konden doorgaan met die te eenzijdige benadering van de financiële kant van de economie. De grenzen van dit systeem kwamen in 2008 echt aan het licht. Heertje was niet de eerste met dit inzicht, maar maakte het wel op het juiste moment bekend bij een groter publiek. Volgens hem zouden er nieuwe winsten voor in de plaats komen. Globalisering zouden we anders gaan bekijken, maar er zou ook meer aandacht komen voor de natuur en alternatieve bronnen van welvaart en welzijn. Er was de afgelopen decennia te weinig aandacht voor de natuur en cultuur geweest. Bewuster leven en bewuster consumeren, respect voor de maakindustrie – al deze uitingen passen in deze grotere trend. (Meer hierover in snapshot 8.)

BOORDEVOL VERHALEN

Achteraf gezien zitten snapshots dus boordevol verhalen die tegelijkertijd diep en breed gaan – verhalen met diepe wortels, verhalen die al veel eerder geplant zijn en op een moment worden opgepakt en aan het daglicht komen. Die verhalen zijn op allerlei manieren te verbinden, ook weer aan andere verhalen. Dat vraagt om inzicht en kennis van het geheel, en vaak onbewust verbinden mensen in elke cultuur op aarde deze verhalen met elkaar.

Perfecte koffie, gemaakt van verse koffiebonen, met zorg gebrand, met aandacht en volle focus bereid – dat kan op zeer veel manieren: er zijn allerlei koffieculturen en evenzoveel verschillende benaderingen – dat wilde Freeman met zijn gasten delen. Geen klanten, maar gasten, die hij die unieke belevenis meegeeft. Dit concept groeide zo snel, dat toen ik in 2010 in San Francisco kwam de trend al goed zichtbaar was, met koffietenten als hotspot voor zelfstandigen en creatieven. Deze trend is nu ook in Nederland doorgedrongen: ook hier zijn koffie en chocolade weer luxeproducten geworden.

Een paar jaar geleden ontmoette ik Todd Selby, een bekende fotograaf die de hele wereld over reist om mensen zoals James Freeman in hun eigen omgeving te fotograferen. Hij fotografeert fotografen, kunstenaars, ontwerpers, architecten, dj's en koks, allemaal creatieve ondernemers, gepassioneerd en goed in hun vak. Ik vroeg Selby of hij een verklaring had voor de opkomst van deze creatieve ondernemers, of 'creatieve individualisten', zoals hij hen noemt. Waarom organiseerden zij hun leven of bedrijven op deze manier? Selby antwoordde: 'Ik ben niet geïnteresseerd in het *waarom*, alleen in *hoe* ze het doen – ik ben een fotograaf.' Ik denk dat dit antwoord precies de motivatie van deze creatieven en de tijdgeest verklaart. Selby interviewt de creatieve avant-garde over de hele wereld, in San Francisco, Amsterdam, Tokio, Melbourne, Sydney, Shanghai, Parijs, Londen en Kaapstad. Hij spreekt hun taal. Voor deze ondernemers is het waarom ze iets doen niet belangrijk – ze doen iets waar ze in geloven en waar ze goed in zijn en nog beter in willen worden. Intrinsieke waarden worden belangrijker en genoeg geld om te leven is voor deze mensen ook 'genoeg'. Deze stroming doet mij ook denken aan de Tachtigers uit de negentiende eeuw. 'L'art pour l'art', kunst voor de kunst, dat was hun statement. Daarmee wilden ze de wereld mooier en beter maken. Dat zie je nu ook. Het gaat om het talent, creativiteit, gedrevenheid, de details en de uitvoering, tot in perfectie, maar met een randje eraan, zodat je ziet dat het 'echt' is. *Creators* zijn het – ze vinden hun geluk in het proces, in het maken op zichzelf.

AANSTEKELIJK

Zoals Freeman in Japan geïnspireerd raakte, zal hij op zijn beurt anderen weer inspireren. Ideeën en concepten werken aanstekelijk en trends kunnen ineens hard gaan. Zeker in de tijd waarin wij leven, waar aan het licht is gekomen dat de eenzijdige nadruk op de financiële kant van de economie slechte producten en diensten heeft voortgebracht. Als tegenbeweging zetten pragmatische ondernemers op een nieuwe manier nieuwe bedrijven neer, die transparanter en menselijker produceren, die teruggaan naar die menselijke maat. We zoeken inspiratie in het oude, in andere delen van de wereld. Ik was in 2010 helemaal niet vroeg met het spotten van Blue Bottle Coffee en de wil om ambachtelijk bereide koffie opnieuw op de kaart te zetten. Deze snapshot vertelt veel over de essentie van de wensen en idealen van de generatie die nu handelt en denkt, werkt en leeft, en daarmee over de tijd waarin wij nu leven. In de volgende snapshot laat ik zien dat jonge mensen hun leven zelfs drastisch willen omgooien om deze omslag van denken en doen in hun leven te implementeren. Freeman was slechts op zoek naar een extra bron van inkomsten, maar blijkbaar missen sommige van deze nieuwe ondernemers iets wezenlijks in hun leven. Zeker in het geval van Freeman pakte dit goed uit.

Economen als Heertje en daarvoor Schumacher hebben deze trend goed zien aankomen. Zij waren op hun beurt weer geïnspireerd door Marx' *Das Kapital.* Je ziet het: trends hebben wortels die veel dieper gaan dan de tijd waarin we nu leven, en om die te ontdekken, moeten we dan ook diep graven. De volgende snapshot gaat daar verder op in. Door naar Brooklyn, New York, 2013.

Januari 2013, Smithstreet 120 – Het Wonderbread voorbij

*'Any fool can make things complicated,
it requires a genius to make things simple'*
— E.F. Schumacher

In januari 2013, op een koude dag in New York, zocht ik Bram Yoffie op. Bram, een jonge architect van 31, had een jaar daarvoor zijn leven compleet omgegooid om een echte Franse bakker te worden. Een *boulanger* – zoals ook hij als Amerikaan dat in mooi Frans uitspreekt. Ik leerde Bram in 2012 kennen in Nederland, waar hij een cursus Frans volgde aan het bekende taleninstituut bij de nonnen in Vught. Hij had bijna al zijn bezittingen verkocht, inclusief zijn appartement. Zijn hele leven tot dan toe had hij ingepakt in vier koffers en een rugzak, zoals hij dat zelf zei. En hij was er trots op. Hij sloeg vol enthousiasme een nieuw pad in zijn leven in, dat voelde als een reis. Hij vertrok naar Parijs, met een tussenstop in Nederland, om écht brood te leren bakken. Brood zoals de Fransen dat maken. Bram wilde de beste Franse bakker in Amerika worden, en daarom zou hij het vak in Parijs leren: 'Als je de beste wil worden, moet je het van de beste leren.'

Zoals Bram zegt: 'Ik ben mijn hele leven al verzot geweest op lekker eten, dus het is op zich geen vreemde beslissing.' Zijn verhalen over eten gaan terug naar het moment dat hij als vijfjarig jongetje al een hele kreeft opat. Cruciaal was het moment dat hij zijn eerste hap nam van een echte Franse baguette. Dat was iets heel anders dan het Amerikaanse Wonderbread dat hij gewend was en waarmee veel Amerikanen zijn opgegroeid; fabrieksbrood vol toevoegingen uit de supermarkt, verpakt in kleurige plastic zakken. Hij noemde deze ervaring van de hap uit de baguette de bijzonderste in zijn leven tot nu toe. Niets heeft zo'n diepe indruk op hem gemaakt als die dag in de zomer in 2009 dat hij in Parijs voor het eerst een hap van een baguette nam, die hij om de hoek van zijn gehuurde appartement in de Marais had gekocht. Hij wist het meteen: deze hap zou zijn leven veranderen.

De vijf dagen die hij in 2009 in Parijs verbleef, zouden zijn leven inderdaad compleet veranderen. Het feit dat in Parijs op iedere hoek van de straat een bakker zit, waar je naartoe kunt lopen en het lekkerste verse brood kan kopen, dat kende hij niet in Amerika. Zijn eerste hap noemt hij 'adembenemend': 'Brood dat verder niets nodig heeft, hooguit een beetje boter.'

ÉCHT GOED

Toen ik in januari iets te vroeg voor onze afspraak de keuken van bakkerij Bien Cuit in de authentieke Smith Street in Boerum Hill (Brooklyn) binnenkwam en Bram in zijn met meel bestofte bakkerspak zag staan, straalde hij. Ik vroeg hem hoe het ging. 'Geweldig!', antwoordde hij. Hij had pijn in zijn voeten, pijn in zijn rug en benen van meer dan tien uur staan, maar zijn droom was uitgekomen. Hij had zijn eerste baan als leerling-*boulanger*, waar hij zelfs iets voor betaald kreeg, en binnenkort zou hij de sleutel van een klein appartementje in Brooklyn krijgen, waardoor hij lopend naar zijn werk kon. Ook dat was een droom die uitkwam: wonen en werken in dezelfde buurt. Geen auto, geen snelweg, geen files, maar rustig lopend naar je werk. Voor veel dertigjarige Amerikanen is dat totaal onbekend.

Bien Cuit staat voor 'goed gegaard', en 'goed' betekent dan écht goed. Het klinkt vreemd om hier de nadruk op te leggen, maar echte kwaliteit was de laatste decennia niet zo vanzelfsprekend. Iets werd al snel 'goed' of 'het beste' genoemd vanuit marketingdoeleinden – denk aan alle merken die op televisie of op billboards schreeuwen de beste te zijn, terwijl ze zich helemaal niet om de echte kwaliteit van het product bekommerden. Wat hebben we allemaal voor enge toevoegingen en surrogaten gegeten die helemaal niet zo goed voor ons zijn? Langzaamaan komt aan het licht dat de voedingsindustrie voornamelijk druk was met omzet, verkoop en groei en zich minder druk maakte om de kwaliteit van het product, of erger nog, de gezondheid van de samenleving. Jonge mensen van nu zijn weer op zoek naar échte kwaliteit, naar de waarheid. Daarvoor duiken ze het ambacht in, de leerschool, zoals we ook in de vorige snapshot zagen. Ze willen weer leren hoe je iets werkelijk maakt en hoe je het optimale uit een product haalt. Ze zijn op zoek naar die authentieke waarde of betekenis, in hun leven en in hun werk. Wat is goed en hoe kan het nog beter? Elke dag leren, er de tijd voor nemen, er zelfs jaren over doen. Slow food is in opkomst, en daarbij hoort slow productie. Mensen nemen de rust en aandacht voor de bereiding, en dat proef je, dat voel je.

Bram had er in het halfjaar dat ik hem niet had gezien alweer een aardige reis op zitten. Een echte boulanger word je namelijk niet zomaar. Na zijn verblijf in Amsterdam en Vught was hij naar de beroemde *École de Boulangerie et de Pâtisserie* in Parijs gegaan, maar door visumproblemen moest hij Parijs eerder verlaten.

Toen Bram aan zijn avontuur begon, kende New York al wel een echte Franse bakker, de prestigieuze Eric Kayser in het luxe Upper East Side. Bram kreeg daar bij zijn terugkeer uit Parijs een onbetaalde plaats als leerling. Toch wilde hij al snel verder, niet omdat de beloning ertoe deed, maar omdat deze bakker voor zijn gevoel al te gevestigd was. Hij zette zijn reis naar het pure brood verder door en kreeg via-via een baan aangeboden bij *Bien Cuit* in

Boerum Hill. Het Franse brood werd steeds populairder in New York en *Bien Cuit* zou in januari 2013 een tweede vestiging openen in West Village. Een extra kracht zoals Bram konden ze dus wel gebruiken.

Voordat we verder zouden praten over zijn werk als bakker en waarom hij zijn leven als jonge architect bij een groot vastgoedbedrijf had verruild voor deze leerschool, moest Bram zich nog omkleden. Terwijl ik op hem wachtte, zag ik de een na de ander om half 8 nog de winkel binnenkomen om de laatste baguettes van de dag te kopen. In New York koken mensen weinig thuis; ze werken hard en eten daardoor vaak laat. Ze zijn daarom blij dat deze gezonde nieuwe etensstijl langzaamaan de fastfoodketens in het straatbeeld vervangt. Althans, voor de New Yorker met een goed salaris, want het blijft een luxe.

BROOD WACHT NIET

Bram en ik gingen naar een Franse bistro verderop in de straat, waar we een glas beaujolais bestelden. Bram barstte los, vol passie. Zelfs als je niet wist dat hij er een lange dag had opzitten, zou je niet weten waar hij de energie vandaan haalde. Hij begint elke dag om vijf uur 's ochtends. Als leerling maak je in de namiddag daarvoor en avond het deeg voor de broden die 's ochtends heel vroeg gebakken worden. 's Avonds hoeft het deeg alleen nog maar te rijzen, en dat betekent dat je 's avonds rond zeven, acht uur klaar bent. Een pittige dag, die uit vaste momenten bestaat. Bakken, afbakken, mengen en kneden, schoonmaken, en de volgende dag begint het hele proces weer opnieuw. Elke stap in het proces moet met veel aandacht, liefde en passie worden gedaan. Een Frans brood bak je niet zomaar. Of, zoals Bram zegt: 'Bread doesn't wait for you.' Je staat in volle dienst van het brood. De souschef mag broden bakken, de leerling nog niet, en het is de chef die als keurmerk met een mes de kerven in het brood tikt: het werk van de meester.

Die enorme passie en gedrevenheid om brood te bakken zoals de Fransen dat doen, heeft Bram pas sinds 2009 toen hij voor het eerst in Europa was, maar hij weet zeker dat hij dit wil. De bakker op de hoek van de straat in de Marais, elke ochtend vers brood bij het ontbijt, geen auto, geen *shopping malls*. Het waren openbaringen, elementen die hij in het Amerikaanse leven niet kende. Als kind van de jaren tachtig en negentig was hij opgegroeid met alles wat hij wenste: crossfietsen, computerspelen enzovoort. Hij behoorde tot de zogenaamde achterbankgeneratie die wij maar al te goed kennen uit de films. Brams moeder maakt zelf de heerlijkste *mac 'n' cheese*, maar deed wel een keer per week inkopen in de grote shopping mall, waar ze dan ook voor een week Wonderbread insloeg.

WONDERBREAD

Hele generaties Amerikanen zijn grootgebracht met dat zoetige Wonderbread. Dit brood is een echt product van de massaconsumptiemaatschappij. Het zit, overigens net als bijna al het andere fabrieksvoedsel, vol met glucose-fructosestroop, dat uit maïs wordt gewonnen. De Engelse journalist Jacques Peretti maakte er onlangs een tv-serie over voor de BBC: *The Men Who Made us Fat*. In die documentaire werden cijfers getoond waaruit blijkt dat de helft van alle Engelsen te zwaar is. Eén op de vier lijdt zelfs aan obesitas, een verdubbeling ten opzichte van 1980. Peretti wilde daarom meer weten over de oorsprong van onze westerse eetgewoontes, hoe ons eten gemaakt wordt en wat de belangen van de voedingsindustrie hierin zijn.

De resultaten van Peretti's onderzoek liegen er niet om. Vooral zijn verhaal over onzichtbaar vet is verontrustend. Ook als we niet dik ogen, kan het zijn dat onze organen worden omringd door veel te veel vet. Van veel vetten, vooral vetten die ons lichaam omzet uit suikers, weten we bijna niet dat we ze binnen krijgen. We lopen enorme risico's als we zo doorgaan met eten. De voedselbranche wilde overigens niet reageren op Peretti's documentaireserie, maar een aantal oud-medewerkers uit de voedingsindustrie uitten wel degelijk hun zorgen over deze branche.

Het is dus niet verwonderlijk dat die eerste hap van een echte Franse baguette en croissant, zonder industriële toevoegingen, Bram als food-addict in vervoering bracht. Maar hij is niet de enige die terugverlangt naar eerlijk voedsel. Eten speelt een grote rol in ons leven, evenals onze gezondheid. De aandacht daarvoor zien we de afgelopen jaren sterk toenemen. Het zegt iets over de tijd waarin we leven. Bram was in 2012 ook niet de eerste met een droom of passie die terugging naar het ambacht, maar dat is ook niet zijn motivatie. Het gaat hem om die wens om iets te maken, iets moois, iets perfects, een leertraject waar hij jaren over wil doen. Het gaat hier om een bewustzijn, bewust eten en bewust leven. En zorgdragen voor onszelf en onze omgeving, op kleine schaal, omdat dat tastbaar is.

Elke dag openen meer mensen hun ogen voor onthullingen over eten en verwonderen zich over de simpele maar heerlijke smaak van echt eten. Bram is slechts een exponent van deze tijd en voelt de tijdgeest haarfijn aan. Deze trend is ook veel breder dan eten alleen. Hetzelfde zien we gebeuren op het gebied van kleding: we hebben liever minder, maar betere kleding, die op een eerlijkere manier is gemaakt. We schrikken ervan als we zien hoe onze kleding onder erbarmelijke situaties gemaakt wordt. Toen in 2013 een kledingfabriek in Bangladesh instortte, waarbij meer dan duizend mensen omkwamen, werden we weer met de neus op de feiten gedrukt. Meer mensen worden zich bewust van ons consumptiepatroon en de daarbij horende ethiek en productiewijzen. Steeds meer mensen willen hier niet meer aan bijdragen, en in die tendens past de carrièreswitch van Bram.

DE BUURT

In het verhaal van Bram gaat het ook niet alleen om het brood en een nieuwe omgang met ons voedsel, maar ook om een nieuwe levensstijl: het leven in een buurt, waar de bakker het brood bakt, de slager voor het vlees zorgt en we langzaamaan weer afhankelijk van elkaar worden. In Parijs haalde Bram elke ochtend zijn brood op de hoek van de straat. Dit was voor hem luxe, dit was pas leven. De buurt als sociale eenheid zie je op allerlei plekken in de wereld weer terugkomen, en daarmee de gezelligheid op straat. Dit gebeurt niet alleen in het westen, ook in andere opkomende markten. Je ziet de trend groeien dat jongeren niet meer afhankelijk willen zijn van auto's. In een hechte buurt is alles wat je nodig hebt bereikbaar met de fiets, en die is dan ook ongekend populair in steden over de hele wereld. Bram was zelf architect en is opgegroeid in een typische Amerikaanse *suburb*. Hij vertelde mij wat hij miste in zijn baan als architect. Hij was verworden tot projectmanager, ver weg van zijn oorspronkelijke drive om huizen, buurten te bouwen, habitats waar mensen wonen. Voor hem was het vak van architect ver verwijderd geraakt van het echte bouwen – het creatieve werk.

Die creativiteit, waar kunst en wetenschap samenkomen, vond hij weer terug toen hij voor het eerst zelf een brood bakte. 'Je weet wat je nodig hebt om een goed brood te bakken. Water, meel en een beetje zout. Dat is alles, en dat staat vast. Dat is het wetenschappelijke deel, en er is genoeg geschreven over de juiste verhoudingen, de perfecte mix. Maar daarna komt er het ambacht bij kijken, de kunst, de professie. De ervaring, waardoor je de juiste mix precies op het juiste moment weet samen te brengen. Dat is een kwestie van oefenen en je kunt het deels leren, maar je moet er ook een talent, een gevoel voor hebben.'

'Elke dag is anders. De luchtvochtigheid kan anders zijn, of de temperatuur. Dat betekent dat je als bakker precies moet weten hoe lang het brood moet worden gebakken onder bepaalde omstandigheden. Hoe lang het deeg moet rijzen of hoe het meel moet worden samengesteld. Is het warm, is het koud? Regent het of is het droog? Heeft het deeg iets langer of iets korter gestaan? Je moet zo veel weten voordat je een goed brood uit de oven haalt; je bent nooit uitgeleerd. Het is een proces waar geen einde aan komt, waar je energie uit haalt. Je bent als leerling-bakker niet voor niets minimaal drie jaar in de leer voordat je een baan als souschef kunt aannemen. Na het schoonmaken komt het mengen, daarna het kneden en daarna het bakken en afkoelen. Je leert het stapje voor stapje.' Deze manier van produceren is compleet anders dan in de fabriek, waar massaproductie – snel en goedkoop – de norm is.

Binnen de ambachten bestaat de hiërarchie van meester en gezel. Het leerproces is belangrijk, net als het talent en de ervaring. Je leert situaties aanvoelen, waardoor je continu je kennis en kunde uitbreidt. Je doet zo kennis en ervaring op om onder alle omstandigheden het perfecte product te kunnen maken. Een ambacht is iets anders dan een kunstje, en kunst is iets anders dan een concept. Hier zit tijd en energie in, en soms moet je offers brengen; denk aan de zere voeten en rug van Bram. Het mag ook pijn doen, de inspanning telt.

EEN NIEUW SOORT GLOBALISERING

In de metro komt Bram 's ochtends regelmatig mensen tegen die nog uit de stad komen en half aangeschoten zijn van de vele cocktails of bier. Bankiers, reclamemensen, projectontwikkelaars – mensen die leven zoals hijzelf nog niet zo lang geleden ook leefde.

Maar nu is Bram op dat tijdstip alweer op weg naar zijn werk. Hij heeft weinig tijd voor een sociaal leven, maar zijn droom is uitgekomen en hij is gelukkig. Hij hoopt in de toekomst zelf chef te worden en een eigen bakkerij te openen. Dan ziet hij zichzelf om vier uur in de middag naar huis gaan, een krantje kopen en lezen, bijkomen van de nacht en de ochtend. Hij wil graag een gezin, genieten van zijn vrouw en kinderen. Dat hij op tijd naar bed moet om de volgende ochtend vroeg, vanaf drie uur, weer brood te bakken – dat neemt hij voor lief. Waar draait het om in het leven? Voor hem gaat het om te kunnen leven met de simpelste ingrediënten. Water, meel en een beetje zout – en familie, kinderen en de buurt.

Ook bij James Freeman uit snapshot 1 zagen we dit. Freeman wil niemand koffie schenken die langer dan 48 uur geleden gemalen is. Hij wil de echte pure smaak van koffie delen. Bram heeft dat met brood. Slechts van de meest essentiële dingen maakt hij goddelijk brood. Brood dat verder niets nodig heeft, misschien slechts een klein beetje boter. Daar kan geen massaproduct tegenop.

Betekent dit dat we langzamerhand genoeg hebben van massaproductie, van de slechte koffiebonen of brood vol met slechte maïssuikers? Dit zijn vragen die ik mezelf stel. De trend van ambachtelijk, puur, regionaal eten zien we mondiaal opkomen. We leren in verschillende delen van de wereld van elkaar. Kennis delen we op allerlei gebieden en er ontstaan nieuwe kruisbestuivingen, zoals een Amerikaanse architect die de beste Franse bakker van Amerika wil worden. Het lijkt of de onderlinge verbondenheid tussen gebieden en regio's lijkt te groeien. Er ontstaat een nieuw soort globalisering, of mondiale afhankelijkheid waarin mensen op welke plek dan ook ambachten, productiemethoden en kunsten uit andere regio's halen en op een andere plek delen. Een soort 'global mash-up'. Deze trend is de hype voorbij en groeit gestaag door. In Nederland en België zijn er steeds meer ambachtelijke bakkers en plekken waar je koffie uit koffieculturen van over de hele wereld kunt proeven. Er zijn meer voorbeelden van jonge academici zoals Bram Yoffie die op het eerste oog nogal vreemde carrièreswitches maken. Zij hebben dromen, wensen en ambities, willen anders leven dan hun ouders in de suburb en willen eigenlijk nooit meer Wonderbread eten, laat staan dat zij hun kinderen hiermee willen grootbrengen.

MEER IS MEER

Het gaat deze mensen ook om het doen, het vormgeven van een toekomst die komen gaat. Het zijn dertigers die vaak in overvloed en weelde zijn opgegroeid, maar die nu zoeken naar iets anders en die hun zoektocht actief vormgeven. Bezit vinden zij steeds minder belangrijk. Bram Yoffie kon gemakkelijk afstand doen van zijn koophuis en alle spullen die hij had verzameld. Voor hem woog het volgen van zijn droom, zijn passie en geloof zwaarder. De winst in een hogere kwaliteit van leven, in het geluk van het moment en in duurzaamheid, die verder gaat dan ecologie. Geld verdienen en carrière maken is een stuk minder belangrijk dan het proces, het leren, of *lernen*, zoals dat in het Jiddisch wordt genoemd.

Deze jongeren verlaten in zekere zin de economie, of beter gezegd de twintigste-eeuwse financieel-economische idealen, en starten een nieuwe economie waar je met minder materiële bezittingen een prima leven kunt leiden. Samen, maar ook met oog voor individuele wensen, rust en eigen inbreng. Ze lijken hun levens kleiner te maken, in de buurt, met vrienden en familie, maar beschouwen tegelijkertijd de hele wereld als hun speelveld. Ze reizen gemakkelijk naar andere steden, andere landen om daar inspiratie op te doen.

Deze generatie is in staat om met de rijkdommen die er zijn, die voor het oprapen liggen, tot creatieve oplossingen te komen, de mooiste producten te maken. Ze zijn vindingrijk en hebben een focus. Ze vinden altijd wel een weg om hun dingen te organiseren; daar hebben ze niet per se grote budgetten meer voor nodig. Creativiteit, daar draait alles om. Ze hebben een sterke drang om iets te maken, iets wat toevoegt aan hun leven of aan de wereld. Ze zijn op zoek naar een vorm van schoonheid, een vorm van puur leven. Ze willen geen spil in het web zijn in ingewikkelde bureaucratische structuren, waar andere mensen over hun lot en hun werk bepalen. Het internet helpt hen een eindje op weg. Daar kunnen ze delen met de wereld wat ze maken, hun vrienden hebben vrienden en die hebben weer vrienden ... zo verkopen ze, zo leven ze. Deze trend wordt weleens omschreven als 'less is more', maar eigenlijk klopt dat niet. Het is eigenlijk 'more is more', waarbij je 'more' alleen anders moet opvatten.

In het geval van Bram had zijn werk als architect bij een grote projectontwikkelaar weinig tot niets meer te maken met creatie. Net als een brood bevat een gebouw ook basiselementen, draait het in architectuur ook om de juiste balans tussen wetenschap en ambacht, maar zijn baan stond daar voor zijn gevoel te ver van af. Vooral het ambacht was ver te zoeken. De bouwkunde verdween naar de achtergrond en zijn leven werd beheerst door Excel-sheets en planningen, zelfs door speculaties. Daarvoor was hij geen architect geworden, vond hij. Natuurlijk kon hij er een mooi appartement in Boston van betalen, maar hij voelde zich gevangen, en daar kwam hij achter toen hij die ochtend voor het eerst versgebakken brood proefde in Parijs. Ik denk dat hij het zwaar had toen hij de ochtend nadat we hadden gepraat en wijn hadden gedronken om drie uur opstond en door de kou naar de Smithstreet liep, waar alle etalages nog donker waren. Maar ik weet ook dat hij zich voldaan voelde, en dat hij uiteindelijk een van de beste Franse bakkers van Amerika zal worden.

Juli 2013, het huis van Isabel Marant

'To find a form that accommodates the mess, that is the task of the artist now'
— Samuel Beckett

Isabel Marant is een bekende Franse modeontwerpster, ze woont en werkt in Parijs. Op het moment dat ik dit schrijf, is ze *hotter than hot*. Ik durf te zeggen dat ze op haar eigen unieke wijze erin is geslaagd om het straatbeeld een beetje te veranderen. Je komt haar stijl overal tegen. Marant, die de media enigszins mijdt, heeft heel wat wapenfeiten op haar naam staan en laat zien dat ze naast een enorm creatief talent ook een gevoel voor tijdgeest heeft. Haar stijl is commercieel en goed draagbaar. In het najaar van 2013 was ze gastdesigner van H&M, met een commerciële collectie die een stuk goedkoper is dan haar eigen label. Daarnaast bracht zij in 2011 de op het moment meest gedragen casual sportschoen voor de vrouw op de markt: de zogenoemde *wedge sneaker*, een futuristische sneaker met sleehak en klittenband. Bij de introductie leek deze schoen echt futuristisch, qua vorm, kleur en materialen, en ik denk dat maar weinig mensen dachten dat zij deze schoen ooit zouden gaan dragen. Maar inmiddels is hij door vele fabrikanten nagemaakt en niet meer uit ons straatbeeld weg te denken. Het is behalve een modieuze ook een zeer comfortabele schoen, die over de hele wereld wordt verkocht en gedragen.

De stijl van Isabel Marant is Frans, stoer, een beetje mannelijk, een beetje nonchalant – broeken en jasjes, maar ook bloesjes met kant en korte rokjes met mooie laarzen, soms met een cowboy-print of indianenfranje. T-shirts, veel leer, soms met twee kleuren, bijvoorbeeld rood en zwart of donkerblauw en zwart. Allerlei stijlen door elkaar heen, niet conventioneel en toch stijlvol klassiek, dat is de stijl waarmee Isabel Marant naam heeft gemaakt. Haar stijl is stoer en futuristisch, maar tegelijkertijd ook vrouwelijk en romantisch. In de modebladen wordt dit wel een *bohemien-* of 'je ne sais quoi'-stijl genoemd. Het is een combinatie van *high fashion* en *street style*, deels geïnspireerd op het *hippie chic* uit Californië.

JE NE SAIS QUOI-STIJL

In het huis van Marant (geboren in 1967) en haar man Jérôme Dreyfuss (1974) zie je diezelfde 'je ne sais quoi'-stijl terug. Een mengelmoes van stijlen, gecombineerd met een bepaalde non-chalance en gezelligheid. Het huis is niet opgeruimd, maar oogt als een prettige chaos. Het staat vol met eigentijdse relikwieën en spullen die dertigers en veertigers aanspreken. Marant en Dreyfuss wonen er samen met hun achtjarige zoontje, midden in Parijs, in een loft waarvan de muren niet perfect geschilderd zijn en de meubels niet door een binnenhuisarchitect zijn samengebracht. Op de vloer ligt oud hout met wat kleden. Een bonte en gezellige verzameling van spullen uit de tweede helft van de vorige eeuw, samengebracht door twee liefhebbers van eigentijdse cultuur.

Toen ik de foto's zag in een reportage over hun huis[2], wist ik dat deze stijl voorlopig nog niet voorbij zou zijn. Het gaat hier om een *mash-up*-stijl waar veel creatieven zich prettig bij voelen, waarin mensen leven die allerlei spullen om zich heen hebben verzameld die voor hen een waarde hebben. Deze trend is de afgelopen jaren sterk opgekomen, en je ziet deze stijl steeds vaker

2   The Coveteur, LA, www.thecoveteur.com/jerome_dreyfuss.

in lifestyle- en designbladen. Een huis met karakter, met niet zomaar bij elkaar geraapte spullen, maar bewuste verzamelingen die iets zeggen over de karakters die er wonen. Een hippiestijl waarbij men een bepaalde diepte opzoekt. Boeken liggen hier en daar ook, niet netjes in de kast, maar op stapeltjes die achteloos over het huis zijn verspreid. Die stapels boeken liggen sinds 2009 overigens ook als decoratie in allerlei modewinkels of boetieks; ik zag dit voor het eerst aan de van origine intellectuele linkeroever in Parijs, waar ook modehuizen als Ralph Lauren en Sonia Rykiel zijn gevestigd.

De stijl van Marant ademt de geest van de vrije jaren zestig en zeventig. Veel spullen zijn tweedehands en vintage, andere zijn nieuw: kleine schilderijtjes, ingelijste tekeningen en schetsen, maar er liggen ook Playmobil-poppetjes, sommige kapot, zonder haar of hoofd, alsof ze bij het interieur horen. Een mix van pop- en straatcultuur, van rock en klassiek, van oosters en westers. Een mix van stijlen en tijden.

NIEUWE LUXE

De stijl van Marants huis past bij de tijd waarin we leven, waarin niet alles perfect hoeft te zijn en waarin we sommige zaken loslaten. Het is een tijd waarin we écht willen leven, genieten van het leven, waarin we willen werken maar ook graag thuis zijn. De volmaakte perfectie is 'uit'. Een huis als dat van Marant is niet ingericht met wiskundige precisie en is niet netjes aan kant, maar het vertelt het verhaal over de mensen die daar leven. Het ademt en leeft, het heeft karakter, en dat telt.

Over de troep zei Dreyfuss in het interview: 'The great thing is that all my clothes are the same, so I don't really need to be organized.' Met andere woorden, zijn stijl is zo vast en duidelijk, dat hij zich daarom in zekere mate chaos en minder overzicht kan permitteren. Het maakt niet uit wat hij pakt, want het past altijd bij elkaar. Hij heeft een sterke, unieke individuele stijl, een verzameling van jonge vintagestukken, die met zorg en liefde zijn samengebracht en daarom stuk voor stuk bij hem passen. Al deze stukken, uit verschillende tijden en stijlen, vormen een nieuwe, eigen *mash-up* stijl.

Echte designstukken worden in hun huis afgewisseld met zelf tot design gebombardeerde stukken, die ze waarschijnlijk op vlooienmarkten hebben gekocht. Zo staan er bijvoorbeeld midden in de kamer vaalgroene legerbedden die als bank fungeren, met daarop veel kleine kussentjes, sommige knalrood, andere verwassen roze. Aan de andere kant liggen er weer heel veel spullen uit de jaren tachtig en negentig, een soort Los Angeles surfers- en skatersstraatstijl. Er liggen veel spullen, boeken, speelgoed, schoenen, maar ook het bekende digitale Casio-horloge uit de jaren negentig. Er staan oude kastjes van rommelmarkten, er liggen jaren tachtig vintage T-shirts uit LA en veel sportschoenen – allemaal door elkaar. Toch betekent tweedehands hier niet tweederangs. Over alles wat hier ligt en staat is nagedacht, en voor de bewoners hebben alle spullen een betekenis.

Het plaatje van dit huis vertelt vele verhalen. Ik vraag me altijd af welke spullen mensen verzamelen en wat voor hen waarde heeft. Ook ben ik steeds op zoek naar de iconische stukken van onze tijd. Waarom leven sommige iconen uit de jaren zeventig, tachtig en negentig op? En waarom is dit de nieuwe luxe?

RUW EN NIET AF

Mensen hebben altijd al een speciale relatie met hun spullen gehad, en zo heeft het interieur ook een relatie met de mensen die er wonen. Dit huis is een huis vol inspiratie en verhalen. Er zijn vele studies gedaan over wat huizen en hun inrichting vertellen over de bewoners. In *The Meaning of Things. Domestic Symbols and the Self* (1981) schrijven de psycholoog Mihaly Csikszentmihalyi en de socioloog Eugene Rochberg-Halton dat de mens niet alleen een *homo sapiens* of *homo ludens* is, maar ook een *homo faber*: een mens die graag iets wil maken. Hierdoor heeft de mens een speciale band met spullen, vooral gebruiksvoorwerpen.

Do It Yourself, handwerken en terug naar een bepaalde mate van ruigheid, een oergevoel, zijn trends die de afgelopen jaren alleen maar groter zijn geworden. Mensen bouwen een schuur, leggen een groentetuin aan, koken vaker zelf, brouwen hun eigen bier en gaan weer haken en breien. Handwerk, inspanning, noeste arbeid – en vooral de niet-gepolijste, ruwe stijl die laat zien dat de creërende mens nog midden in dat proces zit – dat hoort bij de *homo faber*. Het laat zien dat deze spullen door mensen zijn gemaakt en niet door machines.

Deze mentaliteit is een antwoord op de massaproductie, die ons alles zonder na te denken liet kopen en ons uiteindelijk murw heeft geslagen. Voorlopers hebben het er al een tijd over: het 'genoeg' is bereikt. Langzaamaan worden we bewuste consumenten die hun hart en passie volgen. Zo laat de samengestelde bonte verzameling van spullen zien dat het interieur van Marant en Dreyfuss niet door een binnenhuisarchitect of decorateur is gemaakt, maar door henzelf, door echte mensen met een hart en ziel. Soms zijn ze te druk om op te ruimen en dingen 'af' te maken, maar het belangrijkste is dat er geleefd wordt. Alle spullen, ook de kapotte, hebben een waarde.

Het punt waarop we niet langer allerlei nieuwe massaproducten willen aanschaffen is bereikt; het antwoord daarop lijkt een overvloed van spullen die we graag tentoonstellen. Waardevolle spullen die nog niet oud of versleten zijn, en ook als dat wel zo is, mogen ze getoond worden. Hoe ouder en vager, hoe mooier.

NONCHALANCE ALS NORM

Deze stijl past bij deze tijd. In het voorjaar van 2010 zag je het modebeeld op straat veranderen. Glamour en chic maakte plaats voor een meer casual en draagbare stijl. Er kwam ook een nonchalance op, soms bijna anarchistisch. Toen ik voor het eerst na het uitbreken van de crisis in 2008 in New York kwam, stonden er winkels leeg. In sommige winkels hingen stickers op de ramen die schreeuwden dat alles weg moest, er waren maar weinig mensen in de winkels en er werd minder verkocht ... het was duidelijk crisis! Op straat, in de kledingstijl, zag je toen veel veranderen. Kleding leek tijdlozer te worden, en het mantelpak met hoge hakken, met een imago van je-kunt-het-niet-druk-genoeg-hebben, maakte plaats voor een bepaalde nonchalante stijl, de eerdergenoemde 'je ne sais quoi'-stijl. Loslaten en 'tijd hebben' of 'tijd maken' waren de nieuwe credo's.

Ik ging met een New Yorkse collega eten bij de Standard Grill, toen de *place-to-be* in het hippe Meatpacking District. De meiden die daar werkten, droegen strakke zwarte, vale, verwassen spijkerbroeken, waar nog net geen gaten in zaten. Daarop droegen ze een iets te grote, nonchalant vallende lamswollen coltrui, en aan hun voeten hadden ze legerkistjes of punky schoenen van Dr. Martens. Hun haar hadden ze opgestoken in een rommelige knot. Ze zagen eruit alsof ze uit het Parijs van de jaren zeventig waren weggelopen; een tikkeltje anarchistisch, maar ook intellectueel.

Ook het legerjasje kwam terug in het straatbeeld. Dit ook liefst een beetje vaal en versleten. Minder make-up voor vrouwen en zelfs een beetje bleek zijn is weer in – het gebruik van de zonnebank is een stuk minder geworden. Het was een enorm contrast met de *Sex and the City*-stijl van de jaren daarvoor.

Deze trend heeft zich eigenlijk al direct na 2008 ingezet. Na een periode waarin *druk-druk-druk* de norm was, nemen mensen

weer de tijd. Ze hebben weer geleerd om los te laten en hun leven
een beetje *laid back* te leiden. Nonchalance werd de norm in hippe
centra. Ik had dit ook gezien in Parijs, San Francisco en Londen.
Chaos en imperfectie kropen na een lange tijd weer uit hun
schulp. Zo goed bleken de zakenmensen en voornamelijk de bankiers het met hun *rat race* ook niet te hebben geregeld, en daarom
werd een intellectuele stijl interessanter, waarbij het niet zozeer
om geld verdienen ging, maar om de schoonheid van het leven –
zeker voor eind-twintigers of jonge dertigers. Waar jarenlang alles
perfect en goed georganiseerd moest zijn, kwam nu de charme
van iets vergeten of niet afhebben weer op. Met deze hippe – en
hippie – 'je ne sais quoi'-stijl kwam de nonchalance weer in het
straatbeeld tevoorschijn en werd kleding minder conventioneel.

HOMO FABER

Als je dieper ingaat op de cultuur van de *homo faber*, de creërende
mens, dan zie je dat het een individualistische cultuur is. Alles
draait om creativiteit en de kunst van het maken, om de eigen
unieke belevenis van een persoon. Deze individualisering is
diepgeworteld in onze cultuur. Het is een ideaal dat we sinds de
negentiende eeuw alleen maar hebben zien groeien. Van Flaubert
en Marx naar Freud en Jung, van Freud en Jung naar de hippies in
de jaren zestig en zeventig, de ontkerkelijking en de emancipatie.
Later is deze stroming geruisloos doorgezet in het informatietijd-
perk. Met de komst van social media en Facebook in het bijzonder
viert het individualisme hoogtij.

Waarschijnlijk wordt hier zo meteen wel een extra dimensie
aan toegevoegd. We zien meer verschillende en gemixte stijlen
opkomen, waar meer ruimte is voor de ander, meer tolerantie en
dus ook ruimte voor ontwikkeling en openheid. Twee individuen
kunnen naast elkaar hun stijlen doorvoeren en samen een nieuwe

eigen stijl ontwikkelen. Deze ontwikkeling is nooit af, het is een levende stijl die continu in beweging is. Daar hoort een bepaalde vorm van imperfectie bij. Dat betekent dat het ook nooit af *hoeft* te zijn en dat het eeuwig door *mag* gaan – zowel de verzameling als de creatie. Een huis vol met spullen is van waarde voor de bewoners, maar het geeft ook een innerlijke rijkdom weer.

Producten hebben tegenwoordig nog steeds waarde, al lijkt de waarde van materieel bezit af te nemen. Mensen dragen verhalen en spullen met zich mee, als persoonlijk levensverhaal. Spullen hebben hierbij slechts een communicatieve waarde. Dat kan kleding zijn, de inrichting van onze huizen of eten, maar ook computers of sociale netwerken. Niet voor niets horen we vaker 'Je bent wat je eet' en 'Kleding maakt de man.' Onze spullen staan in dienst van onze identiteit.

SCHUIM

De Duitse filosoof Peter Sloterdijk heeft over menselijke habitats geschreven in zijn magnum opus *Sferen*. Dit werk in drie delen gaat ook over tijdgeest en de bewoners van die tijd, zoals hij ze noemt. Ons leven speelt zich volgens Sloterdijk altijd af in een bepaalde sfeer, in een bel waarbinnen een hechte band bestaat tussen verschillende mensen en hun motieven. Elke tijd en plaats kent zijn eigen typerende kenmerken. In de middeleeuwen was de sfeer gevuld met God, na de ontkerkelijking bijvoorbeeld met liefde. Waar de mens is, is voor Sloterdijk belangrijker dan wie de mens is.[3]

De tijdgeest kun je voorstellen als zo'n sfeer, waarbinnen trends en levensstijlen bewegen. Sloterdijk observeert hoe de sferen

3 Peter Sloterdijk, *Sferen – Band I: Bellen – Globes* (2004) en *Sferen – Band II: Schuim* (2009). Amsterdam: Boom.

waarin we leven steeds kleiner worden. We leven volgens hem tegenwoordig niet meer in grote sferen of bellen, maar in schuim: kleine, hyperindividuele belletjes die alle kanten op bewegen en waartussen we razendsnel kunnen wisselen. We passen ons de ene keer aan onze buurman of partner aan, en tegelijkertijd doen we het net weer even anders. Dan weer passen we ons aan de andere buurman aan en delen we tijdelijk een belletje met hem. We zijn kameleons in een netwerk van veelkleurige belletjes. Het is te vergelijken met de structuur van een netwerkeconomie, waarin allerlei stijlen naast elkaar leven en afhankelijk van de relatie aan elkaar gekoppeld worden. Mensen zijn in dit proces de communicator. Met hun kleine schuimbelletje veranderen ze continu mee en passen zich weer aan de volgende situatie aan. Als je deze theorie toepast op de *mash-up* van stijlen van Marant en Dreyfuss bekijkt, zie je een mooie schuimlaag van verschillende stijlen en mensen door elkaar heen.

PERFECTE ROMMEL

Menselijkheid, loslaten, reizen, ontdekken, creëren, verandering, al deze waarden dragen bij tot een nieuwe vorm van geluk, van herontdekken van diezelfde menselijkheid en van de waarde van de natuur, van eigenheid. De vraag naar verhalen en verzamelingen groeit – alles komt samen als we het hebben over rommel of onopgeruimde tafels, huizen en bureaus. Waar mode en design, maar ook organisaties in de jaren negentig en het begin van deze eeuw vooral werden gekenmerkt door een strakke structuur en grootschalige organisatie, zien we vanaf de jaren 2000 dat imperfectie en rommeligheid meer aandacht en respect krijgen. Rommeligheid en chaos werden eerder als negatief bestempeld, maar in deze stroming zien we het tegenovergestelde gebeuren. Misschien is het wel een metafoor voor de tijd waarin we leven. In die ogenschijnlijk gestructureerde twintigste eeuw blijkt er toch een rommel van gemaakt te zijn, door slimme en goed opgeleide bestuurders en politici, door bankiers en organisatietalent.

Chaos herbergt juist een enorm sterke en natuurlijke structuur waar wij als mens veel verder mee komen. In wanorde en chaos zit zelfs vooruitgang, zoals Eric Abrahamson en David Freedman concluderen in hun boek *A Perfect Mess: The Hidden Benefits of Disorder* (2006).[4] Dit boek gaat over de verborgen voordelen van wanorde, over die niet-opgeruimde kasten, rommelige bureaus en minder vaste planningen die het leven en bedrijfsvoeren gemakkelijker en daarnaast ook beter maken. Abrahamson en Freeman laten allerlei voorbeelden zien, uit het gezinsleven, het bedrijfsleven, organisatiestructuren, het leger en zelfs uit de terrorismebestrijding. Een zekere mate van wanorde kan juist heel waardevol (en ook winstgevend) zijn.

De voorbeelden in het boek liegen er niet om. Niet alleen konden deze schrijvers en organisatiepsychologen al ver voor 2011 aangeven dat grote boekenketens, zoals het Amerikaanse Borders, Selexyz en later Polare het niet zouden redden in deze tijd, ook beweerden ze dat mensen meer voorspoed zouden hebben als ze de dingen soms eens gewoon op hun beloop zouden laten. Het is eigenlijk dezelfde stelling waar ook de wiskundige en voormalig quant en derivatenhandelaar Nassim Nicholas Taleb zich in 2012 sterk voor maakte. Hij toont in zijn boek *Antifragile* dat we in deze wereld, waarin dingen steeds ingewikkelder worden en we eigenlijk zelf de structuren niet meer helemaal kunnen overzien, laat staan er grip op hebben, meer winst kunnen behalen als we meer loslaten en minder organiseren. Dingen op hun beloop laten,

---

4   Eric Abrahamson & David Freedman (2006). *A Perfect Mess. The Hidden Benefits of Disorder – How Crammed Closets, Cluttered Offices, and On-the-Fly Planning Make the World a Better Place.* New York: Little Brown & Co.

waardoor we telkens opnieuw op een nieuwe situatie moeten reageren, maakt ons veel weerbaarder in deze ingewikkelde tijden, waarin we enorm afhankelijk zijn van dingen. We kunnen beter meebewegen met de situatie dan een vastomlijnd plan hebben en de situatie naar onze hand proberen te zetten door er een logge organisatiestructuur op te zetten. Robuust is in tijden van grote veranderingen nooit robuust genoeg, en daardoor zijn we kwetsbaar. Volgens Taleb moet er een tussenweg komen: *antifragile*, een niet-kwetsbare houding waarin we ons continu kunnen aanpassen aan onze omgeving. Flexibiliteit en het vermogen om problemen op te lossen zijn uiteindelijk sterker dan vaste, rigide plannen. Dit zal voor minder verkwisting zorgen.

Energie, veerkracht en creativiteit zijn de nieuwe competenties. Je kunt vlooienmarkten zien als metafoor voor de wereld waarin we leven, maar ook kleinschaligheid, de buurt, vintage en je aanpassen aan de omgeving, zoals Bram Yoffie dagelijks doet met het bakken van zijn brood. Dat brood dat niet op je wacht en dat iedere dag weer in een andere atmosfeer moet worden gemaakt. Daarbij moet je de vaardigheid aanleren om je aan te passen aan de omstandigheden.

PARIJSE STRAATJES

Deze houding is te vertalen naar vele andere terreinen en ook naar eerdere periodes. Een mooi voorbeeld uit stedenbouw is dat van de politiek van het Tweede Franse Keizerrijk. Na een periode van chaos en volksopstanden die volgde op de opstand van 1848 trok keizer Napoleon III de stedenbouwkundige Georges-Eugène baron Haussmann aan, de naamgever van de Boulevard Haussmann in Parijs. Haussmann liet alle kleine rommelige huizen en straatjes van Parijs afbreken en legde keizerlijke, brede boulevards aan die alle naar de Arc de Triomphe zouden leiden. Met dit ambitieuze project zou de stad eindelijk een structuur krijgen. Keizers en koningen houden van orde. Ze willen die graag van bovenaf opleggen, en daarom houden ze van overzicht. Brede boulevards bieden hun dat onbelemmerd overzicht over de stad. De reorganisatie van Haussmann moest hiervoor gaan zorgen.

De kosten van dit enorme, megalomane project liepen al snel uit de hand en dreven de stad bijna tot een faillissement, maar het verhaal gaat dat Napoleon III Haussmann om een andere reden moest ontslaan: de bevolking van Parijs werd ongelukkig, en de kans op oproeren nam weer toe. Dat kon de keizer er niet bij hebben in een periode die sowieso politiek onrustig was. De burgers kwamen in actie, want ze misten de gezellige eigenheid van Parijs met zijn kleine straatjes. Gelukkig voor hen kon het plan van baron Haussmann door de enorme kosten en de onvrede van de bevolking nooit worden uitgevoerd, en zijn er in Parijs nog steeds veel gezellige, kleine en rommelige straatjes.

Het concept *perfect mess*, de perfecte chaos, gaat niet alleen over organisaties, waar de schaalvergroting enorme kosten met zich heeft meegebracht, maar ook over bijvoorbeeld de gezellige boekenkasten waar je per ongeluk op titels stuit waar je niet naar op zoek was, of over de overvloed aan informatie op het internet, waar menigeen zonder probleem een dag in kan verdwalen. De winst daarvan is dat je iets tegenkomt waar je niet naar op zoek was, maar wat wel heel waardevol kan zijn. Serendipiteit wordt dat genoemd.

Ook het huis van Marant en Dreyfuss omvat een enorme verzameling van voorwerpen en stijlen. Ontwerpers halen overal hun inspiratie vandaan – elk jaar wordt van hen een nieuwe collectie verwacht en staan mensen te wachten op hun nieuwe ontwerpen. Zij laten zich continu inspireren door de dingen die ze om zich heen zien en gebruiken dit voor hun werk, hun ontwerpen. Het ontwerpen is nooit af. Isabel Marant laat zich vaker inspireren door rebellie of folklore, invloeden komen van over de hele wereld, uit diverse culturen. Het is een mengelmoes van West en Oost, van Noord en Zuid – en het slaat aan, het verkoopt. Cowboys en indianen, maar ook die 'je ne-sais quoi'-stijl. Het past bij onze tijd.

A Perfect Mess snijdt nog een ontwikkeling aan die voor deze snapshot relevant is: de uit Japan afkomstige *wabi sabi*-stijl, die aan de Amerikaanse westkust populair is. Het gaat hier om een bewuste vorm van imperfectie die typisch is voor de Japanse kunsten en esthetiek. Het is in Japan zelfs een elitair schoonheidsideaal dat iets vertelt over de kunst van het leven. De wabi sabi-stijl heeft zijn wortels in de klassieke boeddhistische wijsheden. Door imperfectie – denk aan asymmetrie, ruwe kantjes of onregelmatige oppervlakken – bewust toe te voegen aan voorwerpen, gebouwen, muziek en andere cultuuruitingen, aanvaard je de vergankelijkheid van dingen. Natuurlijk zal iedereen zijn uiterste best doen om dingen zo goed en mooi mogelijk te maken, maar op het laatst voegt de kunstenaar er bewust iets persoonlijks, onvolmaakts aan toe. Dat staat voor onze menselijkheid en vergankelijkheid: we zijn geen machines en willen dat ook niet zijn. Het concept van wabi sabi is ook buiten de kunsten en ambachten waardevol. Rafels en randen, je ziet het vaker om je heen.

STEVE JOBS EN YOTAM OTTOLENGHI

Al deze subjectieve onvolmaaktheden doen mij denken aan de fameuze speech die Steve Jobs hield aan Stanford University. Hij vertelde het publiek dat hij helaas nooit een diploma had gehaald, zeker niet van Stanford, maar wel heel graag met hen wilde delen hoe je volgens hem je leven zou moeten leiden. Hij vertelde drie verhalen waar geen vaste lijn in zat; voor sommigen was er misschien zelfs geen touw aan vast te knopen. Toch was hij in staat om deze punten met elkaar te verbinden: 'connecting the dots', noemde Jobs dit. Volgens Jobs gaat het erom die aanknopingspunten te vinden en juist niet de voor de hand liggende verbindingen. Dat is creativiteit, en daarmee maak je verschil in deze wereld van overvloed en verplatting. Waar kun je verschillende punten of stijlen samenbrengen? Deze stijl van het samenbrengen van losse punten staat voor de netwerkmaatschappij met sterke wortels in Californië. 'Stay hungry, stay foolish', was Jobs credo.[5] Deze rebellie en mash-up-stijl was de afgelopen tijd ook populair onder koks. In de kookboeken van de populaire, van oorsprong Israëlische kok Yotam Ottolenghi zie je een overvloed van stijlen, tradities en smaken uit verschillende regio's rondom de Middellandse Zee rijkelijk samengevoegd worden. Ottolenghi maakt er de lekkerste gerechten van en hij is allang niet meer de enige. De kunst van het samenbrengen van stijlen uit verschillende periodes en verschillende regio's wordt steeds belangrijker.

Ook in de trendwatching gaat het om het verbinden van punten, om *connecting the dots*. Je combineert snapshots uit totaal verschillende hoeken: de kleding van Isabel Marant en haar huis, vintagestijl, wabi sabi, Steve Jobs, het faillissement van Borders en Polare en zelfs de kookstijl van de populaire Ottolenghi – in snapshots of verhalen die op het eerste gezicht niets met elkaar te maken hebben, lijken universele waarheden en wijsheden verborgen te zitten.

---

5   Dit credo ontleende Jobs aan de *Whole Earth Catalog* – een soort *counterculture* hippie stijlbijbel in Californië over techniek en technologie (alles was te koop: van kleding tot gereedschap, van planten tot gadgets). De WEC was opgericht door Stewart Brand in 1968 en verscheen tot 1972 regelmatig en daarna tot 1998 minder regelmatig.

DEEL 2

GROTE VERHALEN

*Deel 2 gaat over grenzeloze ambities en de wens
van sommigen om onze leefwereld nog groter te
maken. Over expansie naar andere planeten en wat
de technologie ons nog meer kan bieden, en hoe we
tegelijkertijd in meerdere werelden kunnen leven.
Deze mensen willen hard vooruit dankzij de nieuwste
technologie en zien enorme kansen in het verschiet.
Verhalen over de toekomst en mogelijkheden in
de toekomst fungeren hier als motivatiebron.*

20 maart 2011, sciencefiction = science + fiction

'To infinity ... and beyond!'
— Buzz Lightyear

Toen ik ooit met het vak trendwatching begon, had ik nooit gedacht dat fictie nu zo'n grote rol zou spelen bij het bestuderen van de toekomst. Tijdens mijn studie geschiedenis gebruikte ik maar al te graag literatuur van grote schrijvers om de tijd waarin zij leefden te begrijpen. Oscar Wilde, Emile Zola, Gustave Flaubert en George Sand zijn voor mij altijd belangrijke bronnen geweest. Toch legde ik nog niet de link dat sciencefiction weleens een belangrijke bron voor toekomstonderzoek zou zijn. Natuurlijk kende ik sciencefictionverhalen en had ik ook diverse films gezien over de toekomst. Maar ik weet nog precies op welk moment ik dacht dat sciencefiction de komende jaren weleens zou kunnen opbloeien en een andere rol in onze samenleving zou gaan spelen, ook binnen het vak van trendwatching of futurologie. Dat moment was op 20 maart 2011, toen ik een bericht las op de website Nu.nl.[6]

Waarschijnlijk las ik het bericht op mijn mobiele telefoon, in de rubriek cultuur/film. Ik vind het altijd leuk om te kijken wat er leeft bij filmsterren. Hoe leven ze, waar houden zij zich mee

---

6 Zo zie je dat elk bericht een waarde kan hebben, een snapshot kan zijn, ook als het op het eerste gezicht triviaal lijkt. De bron was: www.nu.nl/film/2472254/jodie-foster-wil-sciencefictionfilm-maken.html.

bezig, hoe kleden zij zich, wat zijn de eettrends? Wat is voor hen belangrijk? Het bericht dat ik op 20 maart 2011 las, ging over Jodie Foster. Zij had in een interview met de *Los Angeles Times* gezegd dat sciencefiction haar hart had veroverd, en dat de volgende film die ze zou regisseren een sciencefictionfilm zou worden. Dat was eigenlijk de hele boodschap van het bericht.

SIGNALEN

Op dat moment speelde Jodie Foster een rol in de film *Elysium*, die in 2012 in Amerika zou uitkomen. Foster had eerder ook al rollen vertolkt in sciencefictionfilms, het genre was haar niet vreemd. Maar waarom zei ze juist in 2011 dat ze zelf een sciencefiction-film wilde regisseren? Wat prikkelde haar juist op dat moment? Of welk inzicht bracht het scenario van *Elysium* haar dat ze bij eer-dere films niet had gekregen? Dat waren de vragen die ik mezelf stelde toen ik dat bericht las.

Ook voor mij werd sciencefiction op dat moment interessan-ter dan de jaren ervoor. Hing er iets in de lucht? Er werden mis-schien andere elementen toegevoegd aan sciencefictionfilms, sciencefiction werd minder gewelddadig, meer geëngageerd, socialer en vrouwvriendelijker. Maar ook op andere terreinen zag je de nieuwe en ook vrouwelijke interesse voor Star Wars, buitenaardse wezens en de ruimte opkomen. In het modebeeld verscheen tegelijkertijd met de nostalgie en *Mad Men*-achtige kle-ding ook weer futuristische kleding, Galaxyprints waren ineens in de mode. Een retro-futurisme kwam op. Langzaamaan sijpelde sciencefiction ons leven binnen. Betekende dit dat we weer zin in vooruitgang kregen? Er gebeurt de laatste jaren ook zo veel op het gebied van technologie. Denk aan alle nieuwe gadgets, van tablet tot nieuwe telefoons, nieuwe, slimme apparaten en apps – er kwamen meer signalen dat mensen zin hadden om de toekomst te verkennen met de nieuwe middelen die zich aandienden. Daarmee kwam ook de interesse in de verre toekomst en futuristische levensstijlen en innovaties die daarbij horen weer op. De interesse van Jodie Foster prikkelde mij ook. Ik zie Foster als een stoere, moedige, maar ook vrouwelijke vrouw, niet bepaald een alleen maar op avontuur uit zijnde Tomb Raider. Dat zij juist interesse in dit nieuwe sciencefiction toonde; was er een nieuwe, zachtere en socialere vorm van sciencefiction aan het ontstaan?

Vanaf dat moment heb ik in elk geval het thema sciencefiction toegevoegd aan mijn trendpresentaties naast de groei van interesse in meer hightechlifestyles. Google Glass, Google Watch, zelfrijdende auto's, doorzichtige muren die informatie delen: in theorie is alles nu mogelijk, en futuristen zeggen dan ook steeds vaker dat je het woord 'fiction' tegenwoordig wel van 'sciencefiction' kunt afhalen. Het is harde wetenschap geworden. Er is zo veel vooruitgang – nanotechnologie, gentechnologie, robotica, cybernetica – er kan steeds meer en iedere dag worden nieuwe innovaties gedaan. Hightechoplossingen lijken steeds gewoner te worden.

Nog een jaar later ontmoette ik op een congres in Miami Ari Popper uit Los Angeles, een psycholoog en ervaren marktonderzoeker. Popper had net zijn bureau SciFutures opgezet, een compleet nieuw sciencefictionbureau voor (markt)onderzoek, innovatie en prototyping. Toen viel bij mij het kwartje: deze ontwikkeling zou nog groter worden. Met alle vernieuwing en verandering, met de verwezenlijking van alle oude sciencefictionverhalen, was de tijd rijp voor nieuwe verhalen. We zouden ons die nieuwe toekomst eerst moeten kunnen inbeelden voordat we eraan verder konden bouwen. Er ontstond een behoefte aan nieuwe verhalen die de toekomst een nieuwe context kunnen bieden. Er kwamen ineens nieuwe issues en vragen op over ons leven in die toekomst. Over werk en vrije tijd, maar ook over de groei van de wereldbevolking, voedselproblematiek, de verdeling van drinkwater over de wereld – er waren nogal wat onderwerpen om over na te denken. Verhalen over die nieuwe wereld leveren nieuwe ideeën op. Sciencefictionschrijvers zijn hier goed in; zij kunnen de harde wetenschappelijke feiten koppelen aan fictie. Zij hebben een rijk inlevingsvermogen.

Ook in dit voorbeeld zie je dat pas in 2012 precies viel waarom in 2011 sciencefiction al op mijn netvlies kwam en niet per ongeluk kwam het in mijn trendpresentatie te staan, waardoor Ari Popper en ik meteen een verhaal hadden. Soms dwarrelt een berichtje een tijd om je heen. Je weet dat het iets betekent, dat het iets zegt over de wereld waarin we leven, maar je kunt nog niet precies duiden wat en hoe. Het blijkt een voorbode te zijn van iets wat leeft en groter wordt. Tussen 2010 kreeg ik meerdere berichten binnen dat de toekomst, verder vooruit, interessant terrein voor onderzoek zou worden.

Deze tijd van rijpen, van kauwen, of *digesting* zoals het in het Engels heet, is een belangrijk onderdeel van trendonderzoek. Je merkt iets op, een snapshot, en een jaar of twee jaar later weet je waarom. Als je trends vroeg opmerkt, heb je te maken met zo'n rijpingsperiode: de trend moet nog groeien en in de loop der tijd kom je meer mensen tegen die op hetzelfde moment in hetzelfde proces zitten: je hebt een 'klik'. Op het gebied van sciencefiction had ik een klik met Ari Popper: we begrepen elkaar. We wisten dat we in een nieuwe periode van disruptie terecht waren gekomen, zo anders dan de wereld met duidelijke lijnen van voorheen. En met zo veel nieuwe technologie dat er van alles verandert en de wereld dus nieuwe verhalen nodig heeft die verandering elke keer weer tastbaar en minder eng maken.

Natuurlijk is sciencefiction niets nieuws, zeker niet in landen als Engeland, Amerika, Japan en Zuid-Korea, die een rijke sciencefictiontraditie kennen. Sciencefiction is een combinatie van wetenschap en fictie, van onderzoek en verbeelding. Die kan haar uiting krijgen in allerlei vormen, zoals stripboeken, films, games en andere multimedia, zoals we tegenwoordig veel zien. Sciencefictionverhalen zijn toekomstverkenningen: wat is de invloed van nieuwe technologie en wetenschap op ons leven in de toekomst? Hoe kan wetenschap nieuwe werelden creëren?

Sciencefictionfilms geven stof om over na te denken, en vaak worden futurologen ingezet door de regisseurs om de film te helpen vormgeven. Dat was bijvoorbeeld het geval bij *The Matrix* (1999), waarin we kennismaken met wat kunstmatige intelligentie en het werken in DNA-structuren kan doen met mensen en de menselijke psychologie. En ook bij Steven Spielbergs *Minority Report* (2002), waarin futuristische voorwerpen, wapens, voertuigen en gadgets niet alleen nieuwe data openleggen, maar ook bepaalde mensen toegang tot nieuwe data geeft. Futurologie en sciencefiction zijn altijd nauw met elkaar verweven geweest.

Mijn beeld van sciencefiction was dat het vooral werd geconsumeerd door een bepaalde groep techfreaks en bètadenkers, en veel minder door echte alfa- en gammadenkers. Maar toen ik vanaf 2011 het thema indook, leerde ik dat er zeker wel vormen van sociale sciencefiction waren, en al snel kwam ik uit bij boeken als *1984* van George Orwell en *Brave New World* van Aldous Huxley. Bij Second Sight praatten we daar al een tijdje over.

JULES VERNE

Als we dieper de structuur van sciencefictionverhalen induiken, zie je dat de verbeelding een belangrijk aspect van sciencefiction is. De oorsprong van sciencefiction ligt in de wetenschap, waar aan (nieuwe) kennis en wetenschap een laagje fantasie wordt toegevoegd. Vanuit nieuwe ontwikkelingen en ontdekkingen of ideeën over de toekomst worden fantasieverhalen gemaakt.

'Wetenschapsfictie' is de Nederlandse vertaling. Voor Hugo Gernsback, die wordt beschouwd als de grondlegger van het genre in 1926, was sciencefiction een middel tot popularisatie van de wetenschap. Bedenk dat aan het begin van de twintigste eeuw ontdekking op ontdekking volgde. De auto verscheen in het straatbeeld en door de uitvinding van het vliegtuig werd de wereld voor meer mensen toegankelijk. Een van de eerste grote sciencefictionschrijvers vinden we nog wat verder terug in de tijd: Jules Verne. Hij leefde in het Parijs van de tweede helft van de negentiende eeuw. Parijs was toen het centrum van innovatie. Niet voor niets vond daar de eerste grote wereldtentoonstelling plaats, waar alle innovatie en nieuwe techniek werd getoond. De wereld brak letterlijk open in die tijd. Nieuwe materialen en technieken zorgen voor nieuwe apparaten en technologie. Men was natuurlijk nieuwsgierig naar al die noviteiten, sommigen waren angstig anderen enthousiast. Men wilde weten wat die nieuwe technologie zou betekenen voor de toekomst.

Met *Cinq semaines en ballon* (*Vijf weken in een ballon*) brak Verne in 1863 door op literair gebied. Het was het begin van veel boeken over verre reizen. Hij schreef over luchtballonnen en onderzeeërs, maar ook over het vliegtuig, de auto en nog veel meer innovaties uit die tijd. We kunnen zeggen dat in het Parijs van toen de wortels van onze moderne consumptiemaatschappij werden gelegd. Mobiliteit voor burgers en democratie, nieuwe productiemethoden, fabrieken, licht, water en mode voor iedereen: het zijn allemaal uitvindingen die in deze periode in een stroomversnelling terechtkwamen. Na de industriële revolutie en met de uitvinding van allerlei nieuwe machines werden dingen mogelijk die voor die tijd onmogelijk hadden geleken of niet eens bij mensen waren opgekomen.

In zekere zin gaf Verne met zijn boeken inzicht in de toekomst, maar tegelijkertijd was de toekomst waar hij over schreef ook al zichtbaar. Zeker als je wist wat er allemaal in de maak was. Hij deelde dat inzicht in de vorm van fictieve verhalen, die uitvindingen en nieuwe ontwikkelingen tastbaar maakten.

Bij sciencefiction gaat het niet om de perfecte toekomstvoorspelling, maar om een verbeelding, een voorstelling van nieuwe werkelijkheden, van dingen die in de toekomst mogelijk zouden kunnen zijn. Zo schreef Verne over een reis naar de maan, die pas honderd jaar later zou worden gerealiseerd. Vernes beschrijvingen komen natuurlijk niet precies overeen met hoe deze reis later werkelijk zou worden gemaakt. Zo worden de maanreizigers in zijn verhaal bijvoorbeeld met behulp van een groot kanon richting de maan geschoten, terwijl ze later in het echt met een raket werden gelanceerd. Zijn maanreizigers landden ook niet op de maan, maar vlogen er in rondjes omheen. En zo zijn er nog talloze voorbeelden in zijn boeken te vinden waarin hij slechts voorstellingen maakt van nieuwe inzichten en ontwikkelingen, maar niet in staat was de toekomst precies te voorspellen. Toch durfde hij wel woorden te geven aan de grote dromen van zijn tijdgenoten, waardoor hij in staat was om de ambities van de mens voor de nabije én verre toekomst duidelijk te maken. En wie weet heeft hij mensen, wetenschappers en ondernemers wel geïnspireerd om aan hun droom verder te werken of hun dromen waar te maken.

Het gaat bij sciencefiction dus niet om de precieze voorspelling of om de werkelijkheid van de details. Het gaat om de voorstelling van dingen die in ontwikkeling zijn en om de grote lijnen – om het inlevings- en verbeeldingsvermogen. Er is momenteel zo veel innovatie dat de werkelijkheid de oude sciencefictionverhalen inhaalt. Tijd voor nieuwe verhalen dus. Wat als er straks water op Mars gevonden wordt? Wat als we zo meteen met 10 miljard op de aarde leven? Wat zijn kansen, mogelijkheden en wat gaan we dan doen? Dat zijn de vragen die we ons tegenwoordig zouden kunnen stellen.

VORMGEVEN

'To infinity ... and beyond!', zei Buzz Lightyear in de Pixarfilm *Toy Story*. In de sciencefiction is dat wat in feite gebeurt: daar kun je voorbij grenzen denken, door elementen van wetenschappelijke logica en fantasie te combineren. Het gaat om een combinatie van onderzoek en verbeelding, waarmee je mogelijkheden kunt aftasten.

Het lijkt erop dat we sinds 2012 meer behoefte hebben om onze toekomst vorm te geven. Doemdenkers die dachten dat de wereld in december van dat jaar zou vergaan, kregen ongelijk, en er ligt een grote toekomst met nieuwe uitdagingen en nieuwe verplichtingen voor ons. Maar er zijn wel dingen veranderd, en hoe gaan we die toekomst nu vormgeven? De technologie ontwikkelt zich razendsnel. Bijna iedereen draagt nu een kleine zakcomputer bij zich en de technologie lijkt in staat om het aantal meningen, contacten, vrienden en informatie exponentieel te laten groeien. Een overvloed aan data, gegevens en informatie komt op ons af. Alles is te kopiëren en te verveelvoudigen.

Alles wordt met meerdere mensen gedeeld en nagedaan, maar tegelijkertijd lijken de ambities ook groter te worden als het om technologie en digitalisering gaat. Door nieuwe technologie en innovaties op allerlei terreinen lijkt het alsof we alle grenzen kunnen overstijgen. Steeds meer mensen beseffen dat en vragen zich af hoe wij als mens gaan leven in die toekomst. Met een stijgende bevolkingsgroei in het vooruitzicht, het feit dat wetenschap en geneeskunde ons steeds verder gaan brengen en dat we misschien zelf het moment meemaken dat we zo goed als onsterfelijk worden. Worden we zo meteen 150 of 200 jaar oud? Willen we dat wel?

Deze eeuw kent andere uitdagingen dan de vorige. Duurzaamheid, de zorg voor de aarde en een oplossing voor overbevolking,

Boom

WWW.BOOMTESTUITGEVERS.NL

WWW.NT2.NL

WWW.UITGEVERIJBOOM.NL

WWW.BOOMNELISSEN.NL

WWW.BOOMPSYCHOLOGIE.NL

WWW.BOOMFILOSOFIE.NL

Postzegel
niet nodig

Voor nieuws en achtergronden over alle uitgaven.

Meld u aan voor onze nieuwsbrief: stuur deze kaart op, of ga direct naar één van onze websites.

Graag één of meerdere interessegebieden aanvinken:

- Filosofie
- Geschiedenis
- Economie
- Coaching
- Management
- Psychologie
- Psychiatrie
- Taal
- Onderwijs

Naam

E-mail

Boom uitgevers Amsterdam
Antwoordnummer 10618
1000 RA Amsterdam

Boom

dat zijn de onderwerpen waar futuristen hun hoofd over buigen. Hoe gaan we zorgen voor genoeg voedsel en energie? De science-fiction gaat met de tijd mee. *Elysium*, de film waar Jodie Foster op het moment van het interview in 2011 mee bezig was, schetst een scenario in 2154. De zeer rijken leven in een prachtig ruimtestation, ver weg van de aarde, zonder oorlog, armoede en ziektes. Alle anderen wonen op de overbevolkte aarde, waar het dor en droog is en waar armoede en strijd heersen. De grote scheiding tussen arm en rijk kenmerkt zich niet alleen door die enorme afstand, maar ook door de extreme uitertsen. Rijk en rust versus arm en onrust, gezond versus ziekte, groen tegenover dor, alle mogelijkheden versus geen mogelijkheden. Van gelijkheid is geen sprake, en ook vrijheid en broederschap zijn op het eerste gezicht ver te zoeken.

Natuurlijk lijkt het jaar 2154 ver van ons bed, maar tegelijk zijn dit onderwerpen waar diverse experts al mee bezig zijn. Als er geen grote ziekten uitbreken of geen dramatische natuurrampen plaatsvinden, zal de wereldbevolking exponentieel groeien en zullen we de schaarse bronnen anders moeten verdelen. Doen we dat niet, dan wordt het voor veel mensen minder goed toeven op deze planeet. Hoe gaan we het leven inrichten als we straks met negen miljard op deze aarde zijn? Hoe zetten we de natuurlijke bronnen in, welke zullen uitputten, welke zullen daarvoor in de plaats komen? Naast de onderwerpen uit de snapshots in deel 1, die over de kleine leefwerelden gaan, komen deze grote onderwerpen even hard op ons af.

ENORME ONTDEKKINGEN

Wetenschappers ontdekken en vinden uit. Je kunt het zo gek niet bedenken, of het is in de maak. In de nanotechnologie, gentechnologie en biotechnologie volgt de ene ontdekking op de andere. De zelfdenkende robot of auto staat al klaar en diverse mensen werken aan een scenario waarin wij als mens veranderen in half mens, half machine. We zijn al aardig op weg, als we de aanhangers van deze singulariteitsgedachte moeten geloven.[7] We zijn verweven met onze telefoon, die vele malen meer kan dan de pc's van vijftien jaar geleden. We zijn halfrobots aan het worden, voorgeprogrammeerd en wel. Kunstmatige intelligentie is al een feit. Met dit alles worden we niet alleen supermensen, maar misschien zelfs onsterfelijk. Als ik deze uitvinders, van gentechnologen en biologen tot informatietechnici, vraag waarom ze hieraan werken, is het antwoord heel eenvoudig: 'Om de wereld nog mooier te maken.'

Deze wetenschap staat ver weg van de gewone mens, maar is tegelijk ook dichtbij, omdat de chip nu zo klein is en zo veel kan. Deze ontwikkeling, waarbij chips kleiner worden en tegelijkertijd steeds meer kunnen, wordt disruptief genoemd: we zijn in een stroomversnelling terechtgekomen, waarin vernieuwing razendsnel om zich heen slaat en de wereld ontwricht. Wat gisteren werkte, werkt nu niet per se meer en machines en technologie duwen allerlei oude processen vliegensvlug naar de achtergrond. Bedrijven die achterblijven, verdwijnen en technologie neemt steeds meer processen over. Denk aan de laatste ontwikkelingen op het gebied van robots, drones en transparante omgevingen.

7   Singularity is de stroming die gelooft dat de mens in de nabije toekomst zal versmelten met techniek. Het is een richting binnen het transhumanisme. Met het tempo waarin wetenschap en techniek zich nu ontwikkelen, zal volgens de aanhangers de technische vooruitgang exponentieel doorgroeien tot in de oneindigheid. Dat betekent dat de lijn in de toekomst moet leiden tot een singulariteit. Dat is een concept waarin de mens half robot, half mens zal zijn. Van klonering tot onsterfelijke supermensen – het behoort allemaal tot de mogelijkheden in de toekomst. De ideeën hierover gaan ver door. De term 'singulariteit' is voor het eerst gebruikt door sciencefictionschrijver Vernor Vinge.

We moeten ons nu razendsnel aan die nieuwe werkelijkheid aanpassen, willen we niet het overzicht verliezen. Het sciencefictiongenre kan helpen deze disruptieve technologieën en de nieuwe wereld te begrijpen. 'Ouderwetse futuristen of trendwatchers zijn als oude webcams die draaien op 28kb modems: ze zijn traag en lopen constant achter de feiten aan', zoals Ari Popper het in 2012 verwoordde.[8] Sciencefiction kan helpen de werkelijkheid dichterbij te brengen, maar kan ook helpen begrijpen hoe de wereld verandert en waar nieuwe kansen en mogelijkheden liggen. Je gebruikt de fictieve toekomstverhalen als het ware als inspiratie voor ontwikkeling en vooruitgang. Dat was ooit de motivatie voor Jules Verne en Hugo Gernsback en dat is het voor mensen vandaag de dag nog steeds.

Vooruitgang, of in dit geval verregaande vooruitgang, roept vele vragen op, bijvoorbeeld over de ethische en humane kant van dit nieuwe technologietijdperk. Wat betekenen deze ontwikkelingen voor de mensheid, niet alleen op technologisch gebied, maar ook sociologisch? Zoals ik eerder al even aanstipte, is dit een interessant onderdeel van sciencefiction, waarin wetenschap en verbeeldingskracht samenkomen. Het genre sciencefiction kent een groot aantal subgenres, zoals de dystopie, de utopie, apocalyptische en postapocalyptische scifi, harde en zachte scifi, maatschappelijk geëngageerde sciencefiction, *cyberpunk*, *space opera* en echte fantasieverhalen, waarin de hoofdrolspelers meer doen denken aan tovenaars en ridders uit de middeleeuwen dan aan mensen zoals we die nu kennen.

8   *Second Sight* (2012), 2013 and beyond – A Wise World Rising, nr. 32.

DE RUIMTELIFT

De Engelsman Arthur C. Clarke was misschien wel de bekendste sciencefictionschrijver van de twintigste eeuw. Hij was ook futuroloog en schreef verhalen over de ruimte en over het leven onderwater. Hij kon goed buiten de gebaande kaders denken en voorzag enorme vooruitgang in de technologie en de nieuwe mogelijkheden die deze vooruitgang met zich mee zou brengen. Van snelle mobiele telefoons tot het verleggen van grenzen in de ruimte, in de verhalen van Clarke uit de jaren vijftig en zestig kwam dit allemaal al voor. De film *2001: A Space Odyssey* (1968), ontstaan uit de samenwerking tussen schrijver Clarke en filmmaker Stanley Kubrick, was voor die tijd extreem en werd een mijlpaal in de filmgeschiedenis. Het scenario werd bekroond met een Oscar, en was daarmee de eerste sciencefictionfilm die een Academy Award in de wacht sleepte. Clarke durfde grote stappen te tonen, met visie. Rond 1980 maakte hij de populaire tv-serie *Arthur C. Clarke's Mysterious World*, uitgezonden door de BBC. Door die serie is sciencefiction een stuk bekender geworden en de huiskamers binnengetreden. Clarke onderzocht in deze serie voorspellingen van vele pseudowetenschappelijke schrijvers over paranormale krachten, magnetische velden, Atlantis en nog veel meer.

Sciencefiction is in zekere zin een soort pseudowetenschap. Naast harde feiten is de verbeeldingskracht onmisbaar. Er worden aannames gedaan die in werkelijkheid nog niet getoetst zijn of nog in een testfase zitten. In ieder geval zijn de aannames niet reëel te noemen. Veel sciencefictionverhalen zijn gebaseerd op wetenschappelijk onderzoek, en de verhalen zijn vroeg of laat op de een of andere manier werkelijkheid geworden. Soms net iets anders. Maar we kunnen zeggen dat de ideeën bijna altijd tot iets geleid hebben. Wat was er eerder: de kip of het ei?

Zo is het ook met Clarkes verhaal over de ruimtelift, waarin een lange kabel wordt gespannen tussen de aarde en een plek in een geostationaire baan om de aarde, waarlangs op een relatief goedkope en duurzame manier mensen en materialen in een baan om de aarde kunnen worden gebracht. Wetenschappers werken al meer dan een eeuw aan dit idee. In 1895 liet de Russische wetenschapper Konstantin Tsiolkovski zich inspireren door de Eiffeltoren en stelde zich als doel een toren te maken die tot ver in de ruimte zou reiken. Hij droomde van een geostationair ruimtekasteel, dat met een lange kabel was verbonden aan de aarde. In tegenstelling tot de ontwerpers en ondernemers uit de eerste snapshot, hebben en hadden wetenschappers als Tsiolkovski geen kleine dromen, maar immens grote. De ruimtelift komt steeds dichterbij. Het grootste struikelblok was het gebrek aan een materiaal dat sterk genoeg is om de kabel niet te laten breken. *Carbon nanotubes* kunnen daar misschien een oplossing voor bieden.

Wetenschappers van nu dromen niet alleen van hoge torens van Babel; hun dromen gaan ook over duurzaamheid en ecologie. Vooruitgang is geen luxe, maar vaak een noodzaak, en elke generatie kent daarvoor zijn eigen motivaties en redenen; of natuurbronnen of fossiele grondstoffen nu opraken of dat er andere redenen zijn om naar alternatieven te kijken. Innovatie, ook innovatie in ruimtevaart of in disruptieve technologie, levert niet alleen veel kennis op over het vervoer van mensen en spullen naar de ruimte, het zou evenveel winst op aarde opleveren: denk aan nieuwe, slimme kabel- en hoogbouwtechnologie, elektromagnetische aandrijving of nieuwe materialen. Dat weet de NASA. Er zijn meerdere voorbeelden te geven waaruit blijkt dat de kennis uit de ruimtevaarttechnologie op aarde veel goeds kan brengen.

Vele van de pseudowetenschappelijke ideeën uit de sciencefiction hebben mensen aan het werk gezet, ook ondernemers. Ook zij zijn geïnteresseerd in de enorme snelheid van vernieuwing en innovatie en de kansen die deze met zich meebrengt. De Britse ondernemer Richard Branson heeft een vliegtuig laten bouwen waarvan de bodem doorzichtig is, en hij heeft een spaceshuttle-programma ontwikkeld voor rijke toeristen die een reis buiten de atmosfeer willen maken. Puur vermaak, snobisme misschien, maar naast commerciële doelen wil Branson met dit project uit-eindelijk de wereld mooier maken. Bijna iedereen die de aarde van een afstand gezien heeft, ziet hoe bijzonder onze planeet is. Bij terugkomst willen deze mensen anders consumeren, omdat ze duurzaamheid belangrijker zijn gaan vinden.

I, ROBOT

Robots, cybernetica en kunstmatige intelligentie; nieuwe werel-den zijn in de maak. De ontdekkingen en mogelijkheden die uit deze studies rollen zijn talrijk. De eerste fabriek die aangekondigd heeft om niet langer met mensen, maar met robots te gaan werken, is er ook al. Het Chinese hardwarebedrijf Foxconn berichtte in 2011 dat het zijn gehele personeel door robots zou vervangen. 1,2 miljoen arbeiders worden op den duur vervangen door 1 mil-joen robots. De eerste 20.000 robots zijn inmiddels begonnen aan hun nieuwe baan. Dit scenario hebben we eerder gezien in de film *I, Robot*, naar het gelijknamige boek van Isaac Asimov, een andere grote sciencefictionschrijver van de twintigste eeuw. Met een doctorsgraad in de biochemie wist hij wat er mogelijk zou worden in de nabije toekomst. Hij gebruikte de geschiedenis als bron voor zijn sciencefictionverhalen, door ervan uit te gaan dat de keizers en wereldverbeteraars van morgen door dezelfde moti-vaties zouden worden gedreven als de keizers en koningen van voorheen. Mensen en motivaties veranderen niet, aldus Asimov. Alleen de context, ons speelveld verandert.

Waar het eerst een handvol freaks of vakidioten aanging, hebben nu ook de industrie en de commercie de mogelijkheden van deze wetenschappen ontdekt. Wetenschappers zetten gentechnologie en biotechnologie in om ziektes uit te bannen. Voor de gezondheidszorg en de samenleving, voor de retail en de vrijetijdsindustrie – er is zo veel te bedenken en te produceren. De ambities zijn groot, de budgetten ook. Net zoals de informatietechnologie een nieuwe werkelijkheid heeft opengelegd – denk aan Wikipedia, Google en Facebook, maar ook aan Skype en Wikileaks – zullen de ingenieurs van de toekomst robots, robotauto's, slimme zelfdenkende machines en zelfs de nieuwe mens-machines bouwen. Alfa's, bèta's en gamma's, zo blijkt uit alle verhalen hier, zijn allemaal hard nodig om deze nieuwe toekomst te creëren en te organiseren. Daar kom ik in het laatste deel van dit boek op terug.

En wat als de nieuwe supermensen of supermens-machines onsterfelijk worden? Hoe gaan we dan leven en werken? Hoe gaan we ons voeden? Daar hebben we nu verhalen voor nodig, om ons voor te bereiden, de juiste werktuigen te ontwikkelen, maar ook om ons als mens een rol te geven in die toekomst. Ik hoorde eens dat op lange termijn meer dan 90 procent van alle soorten zal uitsterven. Dat zal ons toch niet overkomen? Er zijn veel vragen waar we nog een antwoord op moeten vinden. Is deze ontwikkeling goed of slecht? Is er überhaupt een ethisch antwoord te formuleren? Verhalen kunnen daarbij helpen. Dat was vroeger zo, en zo is het nu nog steeds. Wat voorheen het terrein was van de filmindustrie of de sciencefictionschrijvers, is nu al werkelijkheid; met de kennis van nu lijkt het de hoogste tijd om aan nieuwe verhalen te werken en ons een voorstelling van die nieuwe toekomst te gaan maken. George Orwell en Aldous Huxley brachten ons scenario's van nu onder ogen: hoe gaan we verder? Hoe ziet het post-1984 scenario eruit?

ONTZETTEND KLEIN STEEDS GROTER

Bij het CERN, het Europees onderzoeksinstituut voor deeltjes-
fysica in Zwitserland, worden grootse uitvindingen gedaan. Paradoxaal genoeg gaan die uitvindingen over de allerkleinste deeltjes. Het CERN doet onderzoek naar elementaire deeltjes, zoals
het onlangs ontdekte Higgs-boson, dat vergaande implicaties
heeft voor ons begrip van het universum. Veel wetenschappers
hadden het bestaan ervan niet voor mogelijk gehouden, maar het
onmogelijke blijkt nu toch mogelijk te zijn.

Ook nanowetenschap viert hoogtij. We zijn in een figuur-
lijke deeltjesversneller terechtgekomen. Mechanica en machines
worden steeds kleiner en sneller en kunnen steeds meer. Camera's
worden kleiner, hele computers, telefoons en camera's passen in
een bril zoals Google Glass, en al voordat die op de markt is, werkt
Google aan lenzen die hetzelfde kunnen.

Nu raakt deze stroomversnelling van technologische vooruitgang waarin we zijn terechtgekomen tegenwoordig aan het
werk van sciencefictionschrijvers. De schrijvers plakken alleen
een fictief laagje op deze nieuwe technologieën, om de gevolgen
en mogelijke toepassingen ervan in te beelden, om een context te
creëren. Inbeeldingskracht, het verder doordenken van ontwikkelingen en hun gevolgen – positief en negatief – dat is wat sciencefiction brengt. Hoe ziet de wereld eruit als we allemaal Google-
lenzen dragen?

POSITIEVERE VERHALEN

Als we in die meest dystopische werelden beland zijn waar schrijvers als Orwell en Huxley eerder voor waarschuwden, wat kunnen
we dan doen? Een antwoord daarop kan zijn: meer positievere verhalen schrijven. En dat gebeurt: op dit moment worden opvallend

veel positieve verhalen over de toekomst geschreven. In Amerika werkt een groep sciencefictionschrijvers samen aan *Project Hieroglyph*, waarmee ze willen bijdragen aan een positievere blik op de toekomst. Ze vinden dat ze een maatschappelijke taak hebben: 'Maybe it's the science fiction writers that should help us dream better dreams.' Bekende schrijvers die zich bij dit project hebben aangesloten zijn onder anderen Bruce Sterling, Cory Doctorow en Madeline Ashby.[9] In deze stroming hoort ook het bedrijf Sci-Futures van Ari Popper, die ik eerder in dit hoofdstuk noemde. Ook zij schrijven als het ware sciencefiction met het doel te vernieuwen, te innoveren en te ontwikkelen. Het lijkt alsof de idee van de maakbare wereld terug is. We kunnen meebouwen aan een betere toekomst, mits we de context van de verhalen in kaart hebben. Er verandert momenteel zo veel en er is zo veel mogelijk, dat verhalen over de toekomst, ook fantasieverhalen, weleens heel veel visie en inzichten kunnen opleveren die mensen en bedrijven nu nodig hebben om een stap vooruit te doen – net als in de tijd van Jules Verne.

De snapshot die ik hier deel, het bericht over Jodie Fosters wens om meer met sciencefiction te doen, raakte me in 2011. Vanaf toen kreeg ik meer signalen en uiteindelijk een beter inzicht in waarom sciencefiction opnieuw leeft. We zijn nu 2,5 jaar verder, en ik geloof dat we slechts het begin van deze trend hebben gezien. Nieuwe verhalen over de toekomst worden steeds belangrijker, op welke manier die toekomst dan ook komen gaat.

'Technologie en wetenschap kunnen nu alles maken en verklaren, het enige wat nog ontbreekt is de verbeelding. Verhalen die de visionaire uitvindingen in de wereld kunnen plaatsen zijn nu hard nodig', zegt Ari Popper. Op die manier leg je de mogelijkheden voor morgen bloot. Langzaamaan zie je dat sciencefiction

9 www.secondsight.nl/abundance/science-fictions-role-in-society

een andere rol toebedeeld krijgt, misschien wel de oorspronke-lijke. Sciencefictionverhalen bieden weer steeds meer inzichten in de humane en sociale kant van de toekomst, en vanuit deze visie is sciencefiction ook noodzakelijker.

Ook menswetenschappen en creatieven krijgen een rol in het vormgeven van de toekomst. Zij helpen bij de zoektocht naar nieuwe verhalen over de toekomst. De behoefte aan sciencefic-tion hangt al een tijdje in de lucht, net zoals de interesse in de kosmos, het universum, het geheel – onze planeet, het ecosys-teem en het behoud ervan. Of gaan we ons leven voortzetten op een andere planeet? Gaan we misschien wonen op Mars? Over die grote vraag lees je meer in de volgende snapshot.

Juni 2012, nieuwe expansie

*'That's one small step for a man,
one giant leap for mankind'*
— Neil Armstrong

Het heelal is 'in', zoals ik al beschreef in de vorige snapshot over de film *Elysium* en het gelijknamige ruimtestation. Er gaan geluiden op dat als we rond 2030 met 9 miljard mensen op deze aarde leven, bepaalde dingen anders zullen verlopen dan nu. Daarom zouden we nu al naar andere oplossingen moeten zoeken. We leven langer en er gaan minder mensen dood aan ziektes en oorlogen, en dat betekent dat we met een nieuwe realiteit te maken krijgen: overbevolking. Daarnaast putten we ook nog eens de fossiele bronnen uit. Als we de wetenschappers mogen geloven, gaat technologische vooruitgang de komende decennia voor grote oplossingen zorgen; we zullen zelfs meemaken dat energie in overvloed wordt aangeboden en daarmee gratis wordt.

Niet alleen sciencefictionschrijvers of regisseurs tonen interesse in de ruimte, ook ondernemers zijn nu al bezig om *'the next giant leap for mankind'* te zoeken, zoals Bas Lansdorp van Mars-One het noemt. Ze onderzoeken of we ons leven op plekken buiten onze atmosfeer kunnen voortzetten, op zoek naar nieuwe bronnen. Deze snapshot lijkt op de sciencefictionverhalen uit de vorige snapshot, maar het is wezenlijk anders. Het gaat om sciencefiction die realiteit wordt. Meerdere private organisaties zijn momenteel bezig met de volgende grote stap voor de mensheid: expansie naar de ruimte.

Het gaat hier om grote verhalen en grote stappen vooruit. De tijdspanne van investeren en ondernemen is vele malen langer en de budgetten immens veel groter vergeleken met de kleine verhalen en kleine stappen uit de verhalen in deel 1. In dit deel buigen de denkers en ondernemers zich over de volgende grote stap in de evolutie van de mensheid. De ondernemers – of avonturiers – hebben gemeen dat ze geloven in vooruitgang en de enorme kracht van de mens. Zowel het menselijk lichaam als het menselijk brein zullen zich altijd weer aan de nieuwe realiteit aanpassen. Ontwerper en kunstenaar Daan Roosegaarde vertelde dit ook in zijn aflevering van *Zomergasten* in 2013. Vroeger werden mensen al duizelig van een snelle treinreis, maar met de enorme vooruitgang en versnelling van ons leven en de nieuwe technologieën om ons heen hebben we ons steeds weer aangepast aan de nieuwe realiteit.

GRENZEN VERLEGGEN

De grote vraag is nu of we werkelijk onze grenzen kunnen verleggen en de ruimte die net buiten onze atmosfeer ligt erbij kunnen betrekken en exploiteren, maar vast staat dat de ruimte als te ontginnen gebied interessant en vruchtbaar is. Niet alleen het aantal mensen op aarde neemt toe, ook de wereld is een stuk kleiner geworden, door globalisering, internet en open grenzen. Gaan we nog verder uitbreiden? Bieden planeten een serieus alternatief om naartoe te reizen, om er te wonen, te werken en te leven? Is kolonisatie een realistische oplossing voor overbevolking? Wat gaan ruimtevaarttechnieken of moleculaire genetica ons de komende jaren bieden? Gaan we nieuwe metalen of zelfs nieuwe energiebronnen vinden? Is leven op Mars überhaupt mogelijk?

Toen ik in de zomer van 2012 Bas Lansdorp ontmoette, vertelde hij mij over zijn ambitieuze project MarsOne, dat bezig is met de voorbereidingen voor de eerste commerciële bemande reis naar Mars. In 2011 heeft hij samen met zijn businesspartner, natuurkundige Arno Wielders, het plan opgevat om van deze droom werkelijkheid te maken. En het kán, weten zij. De technologie is er klaar voor. In 2012 brachten ze hun plannen en ambities naar buiten, en binnen twee jaar hebben al meer dan 200.000 vrijwilligers zich aangemeld om mee te dingen naar die eerste vlucht naar Mars, die gepland staat voor 2023. Met de wetenschap van nu gaat het om een enkele reis Mars; de nieuwe burgerastronauten komen niet meer terug. Het doel is om een kolonie op Mars neer te zetten en deze stapje voor stapje uit te breiden, zodat meer mensen zich op Mars kunnen vestigen. Het is een ambitieus project; na de eerste reis zal het nog tientallen jaren duren voordat er meer mensen op Mars kunnen wonen. De oprichters van MarsOne geloven dat we er niet aan ontkomen om op andere planeten te gaan wonen, en volgens hen zal Mars de eerste planeet zijn waar we de mensheid gaan uitbreiden.

Toen ik dit verhaal in de zomer van 2012 voor het eerst hoorde, leek dit alles nog echt toekomstmuziek. Niemand wist toen of de oprichting van een kolonie op Mars rond 2023 echt zal plaatsvinden of dat het slechts een droom was van een handvol *nerds*. Ruim twee jaar later blijken de stappen serieus te zijn, en hebben zich ook investeerders gemeld. De eerste stappen zijn gezet, en in 2023 zullen we weten of de eerste raket met burgerastronauten die voorgoed naar Mars vertrekken een feit zal zijn.

Zoals gezegd hebben de eerste vrijwillige Martianen, zoals deze aanstaande marsbewoners zichzelf noemen, zich aangemeld. Het nieuwe begin lonkt, ze zijn vastbesloten. Binnen een paar maanden waren er al 78.000 vrijwilligers, en vier maanden later was dit aantal al meer dan verdubbeld.[10] In een artikel van *De Correspondent* las ik een interview met een van die vrijwilligers, Martijn Kroezen uit Enschede. Dat hij zijn familie zal moeten missen, neemt hij voor lief. Hij speelde altijd al met ruimte-Lego en keek naar tekenfilms als *He-Man* en *G.I. Joe*. Uit de bibliotheek leende hij uitsluitend boeken over buitenaardse wezens en ruimtevaart. Momenteel werkt hij als croupier in een casino en is dus gewend om onder uiterste spanning en concentratie te werken: het duurt zo'n vijftien seconden voordat het balletje stilligt, en in die tijd moet hij de fiches tellen, wisselen en neerleggen. 'Je moet razendsnel kunnen schakelen terwijl iemand je het bloed onder de nagels vandaan probeert te halen of je probeert af te leiden.' Die vaardigheden zullen hem van pas komen op Mars, denkt Kroezen. Ondanks alles wat hij achterlaat, van lekker en goed eten tot zijn familie en huisdier, lonkt het nieuwe begin.

Wat opvalt, is dat zo veel mensen delen in deze nieuwe expansiedrang en blijkbaar behoefte hebben aan de volgende stap. Waarom zal dat zijn? Is dit hun jongensdroom? Komt dit omdat het leven hier op aarde zo slecht of uitzichtloos is, of heeft het te maken met de drang naar vernieuwing, naar expansie? *De Correspondent* heeft er in ieder geval een redacteur Buitengewoon en Buitenaards Leven op gezet.

DE BATTLE

In 2015 zal MarsOne na vier zware selectierondes zes teams samenstellen, waarna de *battle* voor de aspirant-Martianen zal beginnen. Ze worden zeven jaar getraind in afgesloten ecologische ruimtes, waar de atmosfeer van Mars wordt nagebootst.

10 Bron: De Correspondent, decorrespondent.nl/53/hollands-next-marsbewoner/2853841551-4f0c95b6.

Overleven op Antarctica is daar een onderdeel van. Bij extreme kou gaan ze met elkaar de uitdaging aan. De teams worden in die zeven jaar continu geobserveerd en gevolgd. Het team dat het beste presteert, zal in 2023 de reis van zeven maanden ondergaan om de eerste kolonie op Mars neer te zetten en de plek voor verdere expansie gereedmaken. Elk jaar worden vier nieuwe Martianen aan het team toegevoegd. 'De technologie is hier allang klaar voor', vertelde Lansdorp mij in 2012. Daar ligt de uitdaging dan ook niet. Het project is alleen enorm prijzig en daardoor moeilijk te financieren. Alleen de start en voorbereiding van het project, dat begint bij het trainen van de astronauten, zal al zeker zes miljard euro kosten. Juist voor dat economische aspect hebben ze bij MarsOne het geniale mediaplan bedacht: de ruimtereis zal gefinancierd worden door een televisie- of realityshow, een *battle* à la *Big Brother*. De zes teams die tegen elkaar strijden, moeten zich gedurende de competitie door allerlei moeilijke situaties heen manoeuvreren om te laten zien dat ze echt, ook onder de meest barre omstandigheden, kunnen overleven, oplossingen kunnen verzinnen en bovenal stressbestendig zijn. Het zal namelijk niet gemakkelijk zijn op Mars: het is er ijskoud en hulp van buitenaf is onmogelijk. Dit is zelfredzaamheid ten top. Zoals gezegd kan MarsOne de deelnemers niet beloven dat ze ooit zullen terugkeren, maar dat weerhoudt hen er blijkbaar niet van om zich in te schrijven voor dit grote avontuur.

Het plan heeft een grote mediawaarde. Toen Neil Armstrong de eerste stap op de maan zette, zat de wereld aan de televisie of radio gekluisterd, zo spannend was die *giant leap for mankind*. Nu, in een wereld waar informatie en media een veel grotere rol spelen en budgetten immens zijn, gaat het team van MarsOne ervan uit dat het project wereldwijd een enorm aantal kijkers zal trekken. Het moet een realityshow worden die iedereen wil volgen. Die gaat niet over een beroepsastronaut, maar om een team burger-

astronauten, waar de kijker zich makkelijker mee kan identifice-
ren. Iedereen kan meekijken hoe onze wereld en de rest van de
kosmos er van een afstand uitzien, om nog maar te zwijgen over
het landschap op Mars. En hoe vergaat het de mensen daar? Dat
is een realitysoap die vele malen groter is dan *Big Brother*. Paul
Römer, de bedenker van *Big Brother*, is bijna direct ingestapt toen
de jonge ondernemers hem bezochten en van dit plan vertelden.

Zoals gezegd is een terugreis met de kennis van nu niet mogelijk, maar bij MarsOne gaan ze ervan uit dat daar binnen tien jaar
wel een oplossing voor komt. Als de technologie zich zo snel blijft
ontwikkelen, is dat wel te verwachten. Futuristen en andere toekomstexperts geloven dat er op deze gigantische vooruitgang
geen rem zit. We zullen vooruitgaan, hoe dan ook.

Deze reis naar Mars is gewaagd, en het project heeft dan ook
voor- en tegenstanders. Er zijn wetenschappers, zoals Nobelprijs-
winnaar Gerard 't Hooft en Gerard Blaauw, voormalig directeur
van de ruimtevaartafdeling van onderzoeksinstituut TNO, die
in het project geloven. Tegenstanders zijn er ook, onder wie
beroepsastronauten als Wubbo Ockels en André Kuipers. Zij
vinden de ambities en risico's van de private ruimtevaart te groot.
Volgens hen is het leven op aarde zelfs onder de meest erbarmelijke situaties stukken beter dan dat op Mars. Zij vinden het complete waaghalzerij om geen beroepsruimtevaarders naar Mars te
sturen.[11]

Hoewel de aspirant-Martianen geen professionele astronauten
zijn, werkt MarsOne wel nauw samen met experts en ruimtepro-
fessionals. Zo is bijvoorbeeld Norbert Kraft aangetrokken, een arts
die jarenlang astronauten heeft getraind, zowel bij de NASA als in
Japan. Hij is verantwoordelijk voor het intensieve trainingspro-
gramma.

---

11 Bron: nos.nl/artikel/539945-enkeltje-mars-droom-of-waanzin.html.

De Nederlandse onderneming is niet de enige private ruimtemissie. Zo heeft ook de al eerder genoemde Richard Branson zijn zin op private ruimtevaart gezet en gaat Larry Page van Google op zoek naar nieuwe hulpbronnen buiten onze eigen atmosfeer. De ruimte, de diepte, dat enorme gebied waar waarschijnlijk nog veel meer te halen is, 'leeft' de afgelopen jaren.

NIEUWS VAN MARS

Al in de Oudheid waren mensen gefascineerd door de ruimte, de sterren en planeten. De mogelijkheid om van die droom ook werkelijkheid te maken, gaat terug naar de jaren vijftig van de twintigste eeuw, niet toevallig ook de gouden jaren van de sciencefiction. Ook het eerste Marsproject dateert uit de begintijd van de Koude Oorlog. Er werden grote budgetten vrijgemaakt om die nieuwe wereld te veroveren. De NASA kwam met het Space Exploration Initiative, de Sovjet-Unie maakte plannen voor een Martian Piloted Complex (MPK) en Mars Expeditionary Complex (MEK). De mogelijkheden om naar Mars te reizen en zich op Mars te vestigen behoren al geruime tijd tot onderzoeksterrein.

Mars trekt ons al tientallen jaren en laat ons niet los. Het is de planeet die het meest op de planeet aarde lijkt. Als er op een andere planeet in ons zonnestelsel stromend water zou voorkomen, dan zou dit op Mars moeten zijn, zo blijkt uit onderzoek. Mars is in elk geval het gemakkelijkst te onderzoeken, en op deze planeet worden momenteel in rap tempo ontdekkingen gedaan. Maar ook de maan is zeer interessant om verder te bestuderen, of andere planeten verder weg, denk bijvoorbeeld aan de maan van Jupiter en Saturnus.

De afgelopen jaren hebben meerdere robots Mars onderzocht op zoek naar tekens van leven. Sojourner reed er al rond in 1997, maar sinds de komst van de Mars Exploration Rovers Opportunity en Spirit in 2004 en Curiosity in 2012 zijn er grote verkenningen gedaan. De onderzoeksresultaten en daarmee onze kennis over Mars lijkt exponentieel te groeien, allemaal dankzij deze nieuwe ultraslimme en geavanceerde robotmachines. De planningen van NASA omvatten soms meerdere decennia, maar de laatste tijd verandert er van alles dankzij nieuwe technologie. Met de technologie van nu zijn ze in staat om ontwikkelingen die eerst nog jaren ver weg leken dichterbij te brengen. Onze kennis over andere planeten en met name Mars is daarmee in een stroomversnelling terechtgekomen. Het nieuws van Curiosity blijft komen, en ook Opportunity werkt na tien jaar nog steeds.

In de vorige snapshot schreef ik al dat sinds 2011 (mode)ontwerpers meer interesse toonden in het heelal en buitenaards leven. Overal op de catwalk zag je ineens futuristische galaxyprints opduiken, een robotlook bij Karl Lagerfeld voor Chanel of holografische spiegelprints bij Hussein Chalayan. Ook in streetwear zag je vaker Star Wars-prints en andere beelden uit het heelal en supernova's opkomen. En niet alleen in de mode: in 2012 kocht Walt Disney Lucasfilm, de producent van Star Wars, met het doel een nieuwe serie films te produceren. We kunnen dus zeggen dat de ruimtetrend ook buiten de werkelijke ruimtevaart in opkomst was.

Modeontwerpers zijn niet alleen geïnteresseerd in prints en design, ze tonen ook steeds meer interesse in nieuwe technologie: nieuwe materialen, supersterke vezels of juist vederlichte stoffen en andere hightech uitvindingen van onder andere NASA, die bijvoorbeeld in sportkleding of regenjassen worden gebruikt. Ook buiten het gebied van de mode zijn ontwerpers die de (geavanceerde) technologie omarmen sinds 2010 sterk opgekomen, denk aan de al eerder genoemde Daan Roosegaarde. Voor de ruimte heb je andere materialen en ook andere voeding nodig; met deze technieken zijn ook steeds meer ontwerpers, stoffabrikanten, productontwerpers, modeontwerpers en *food experts* bezig. Kennis over die ruimte brengt ons ook hier op aarde blijkbaar verder. De ruimtevaarttechnologie blijkt op vele gebieden inzetbaar.

PACKING FOR MARS

Een boek dat vanaf 2010 niet voor niets in de top tien van Amerikaanse non-fictieboeken staat, is het populairwetenschappelijke boek *Packing for Mars: The Curious life in the Void* van Mary Roach. Het is in het Nederlands verschenen onder de titel *Ik ga naar Mars en neem mee...* Populairwetenschappelijke boeken worden op het moment veel gelezen: mensen zijn nieuwsgierig naar hoe deze wereld in elkaar steekt, hoe wij als mensen zijn, handelen en doen. Roach diept voor het grote publiek onderwerpen uit, waaronder het interplanetair leven. Zij heeft zich de vraag gesteld of het voor de mens überhaupt mogelijk is om in de ruimte te leven, waar het arctisch koud is en de kosmische straling sterk is. Kunnen we alleen naar buiten in een hermetisch afgesloten, dik pak? Hoe zit het met de menselijke kant van het verhaal? Daarom stelde Mary Roach zich de vraag wat we allemaal moeten missen als we naar Mars gaan. Je kunt op Mars namelijk niet zomaar naar buiten. De atmosfeer is meer dan honderd keer zo ijl als die van de aarde en bestaat bovendien voor 95 procent uit koolstofdioxide. Ultraviolette straling valt ongehinderd op het Marsoppervlak en gaat dwars door een ruimtepak heen. Bovendien is de zwaartekracht op Mars veel minder sterk, wat op lange termijn van invloed is op ons skelet en onze spieren. 'In de ruimte missen we eigenlijk bijna alles wat het leven prettig maakt: een warme douche, privacy, frisse lucht, verse maaltijden en zwaartekracht', schrijft Roach. Ze beschrijft ook hoe het leven aan boord van een ruimteschip eruitziet. Een ruimtereis is volgens Roach in veel opzichten een verkenning van wat het betekent om mens te zijn en het verleggen van de menselijke grenzen. Roach is inmiddels ook betrokken bij MarsOne.

Fysiek en psychologisch heeft de grote afstand tussen Mars en de aarde nogal wat gevolgen voor de ruimtereizigers. Lansdorp: 'Deze eerste groep mensen die naar Mars gaat, moet uiterst stabiel en stressbestendig zijn, sterk en slim. Ze moeten zich in en uit elke situatie kunnen redden. Individueel en samen. Dat vraagt een bepaalde mate van zelfredzaamheid; probleemoplossend denken is een must. Reken erop dat dit team voor onmogelijke opgaven komt te staan. Ook mag niemand uitvallen, want vier man is het minimum voor deze missie. Ze zullen elkaar hard nodig hebben daar ver weg van de aarde.' Het team zal samen op een klein, afgesloten oppervlak van 100 m² gaan leven en werken. Deze gezamenlijke ruimte wordt aangevuld met kleine capsules van 10 m². Daar groeit het voedsel en wordt geslapen en gewerkt. Lansdorp vertelde dat hij zich door films en boeken heeft laten inspireren, onder andere door Stanley Kubricks film *2001: A Space Odyssey* waaraan ik in de vorige snapshot al refereerde. Als je de film gezien hebt, kun je je een voorstelling maken van hoe de capsules aan elkaar gekoppeld worden en het leven in deze ruimtes eruitziet.

VOORUITGANGSGELOOF

De avonturiers waar we het in deze snapshot over hebben, zoeken naar nieuwe mogelijkheden, naar nieuw leven in de verre diepte en leegte van het heelal. Ze zijn op zoek naar nieuwe mogelijkheden voor de mensheid om zich verder uit te breiden en te overleven. Ze willen grenzen verleggen en kijken hoe we als mensen nog meer uit ons leven kunnen halen. Worden we straks 200 jaar oud of zelfs onsterfelijk? Dat zijn vragen waar toekomstexperts en deze avontuurlijke ondernemers zich mee bezighouden. Deze ondernemers zijn gek op innovatie en de weg vooruit. Zij denken in kansen en mogelijkheden en niet in beperkingen. Het geloof in de vooruitgang is groot en lijkt te groeien.

Bij het Europese ruimtevaartagentschap ESA, aan de faculteit ruimtevaarttechnologie van de TU Delft, de TU in Enschede, de Universiteit van Wageningen, het MIT in Boston en ook aan de klassieke universiteiten van Oxford en Cambridge zijn dit de terreinen waar wetenschappers zich mee bezighouden. Hoe gaat technologie ons helpen vooruitgang te boeken? Wat betekent de nieuwste technologische vooruitgang voor de mensheid, voor de gezondheidszorg, voor ons leefoppervlak, maar ook voor de voedingsindustrie, voor de kledingmarkt, voor de productie en verdeling van grondstoffen en energie? Dit heeft ook de interesse van investeerders. Deze eeuw is anders dan de vorige. Bedrijven als Google kenden al geen landsgrenzen meer, maar zelfs de *sky* is al niet meer de *limit*. De interesse in die grote toekomst neemt toe. Daar liggen nieuwe kansen voor elke branche.

Zoals in het vorige deel van dit boek de voorlopers nieuwe uitdagingen dicht bij huis en in het verleden zochten, laten deze avonturiers zich inspireren door kansen en mogelijkheden uit de toekomst. Beide stromingen zijn even actueel. De eerste stroming oogt in eerste opzicht misschien vertrouwder en is iets eenvoudiger te begrijpen, maar deze interesse in het nieuwe, in technologische ontwikkelingen en de mogelijkheden daarvan, neemt snel toe. De toekomst is dan ook een serieus onderwerp: het gaat ons en onze kinderen allemaal aan, en waar het jarenlang werkterrein was van een klein aantal *nerds*, lijkt het erop dat steeds meer mensen, zowel in de privésfeer als in hun werk, zich voor de toekomst interesseren. We raken aan de grenzen van de twintigste-eeuwse groei, en de industrie is aan reorganisatie en vernieuwing toe. Daarom gaan steeds meer ogen open voor deze soms nog enge ontwikkeling. Het zou niet de eerste keer zijn dat we als mensheid de grenzen verleggen.

Een van de grote toekomstdenkers én voorstander van het vooruitgangsgeloof is Ray Kurzweil, die samen met zijn businesspartner Peter Diamandis de Singularity University heeft opgezet. Diamandis is van origine ingenieur en werkte bij de Intel-groep en maakt nu met de Singularity University grote stappen in de private ruimtevaart en de gezondheidszorg. Hij zegt: 'Wij negeren de problemen van onze tijd niet, integendeel, alleen wij kijken verder en zien de oplossingen binnen handbereik liggen. Dat maakt ons optimistisch en positief. Als mensen kunnen we nog steeds groeien en expanderen.' Het is een sterk utopisch vooruitgangsgeloof, met enorm vertrouwen in de kracht van mens en machine.

Volgens mensen als Kurzweil en Diamandis staan we aan de vooravond van een nieuw en zelfs beter tijdperk: het zal niet lang meer duren voordat iedereen op aarde toegang heeft tot basisbehoeftes zoals schoon water, energie, voedsel, gezondheidszorg en onderwijs. De verwachtingen zijn enorm. Hij noemt dit de toekomst van overvloed, die mogelijk wordt gemaakt door technologische vooruitgang. Het zijn nieuwe, slimme machines en structuren die overvloed kunnen produceren en organiseren. De energierevolutie is in aantocht.

Diamandis heeft samen met een aantal andere ondernemers het bedrijf Planetary Resources opgezet, dat grondstoffen wil winnen uit asteroïden. Ondernemers als Larry Page van Google en Richard Branson van Virgin hebben erin geïnvesteerd, en er worden miljarden geschonken via crowdsource- en crowdfundinginitiatieven zoals Kickstarter. Dit zijn geen overheids- of NASA-projecten, maar particuliere initiatieven waar iedereen aan mee kan doen.

NIEUWE ECOSYSTEMEN

We zullen naar Mars gaan, dat zeggen ook de beroepsastronauten die geen voorstander zijn van deze gewaagde private ondernemingen. Ze beamen ook dat het technisch allemaal mogelijk is. Er rijden al robots rond op Mars, we kunnen er straks ook met bemande missies naartoe en we weten zelfs dat er uiteindelijk ook planten kunnen groeien en dat er water in de bodem zit in de vorm van ijs. Er zit volgens sommige wetenschappers zelfs voldoende stikstof opgeslagen in elementen in de atmosfeer, waardoor samen met de zuurstof uit water een leefbare atmosfeer kan worden gemaakt. Daarom is volgens hen het bouwen van een nieuw ecosysteem in principe mogelijk. De grootste vraag is hoe we dit gaan financieren en hoe we weer terug kunnen komen.

Ook ecologisch staan we voor uitdagingen. Waar naartoe wijken we uit als het leven op aarde zwaarder wordt, als er steeds meer natuurrampen plaatsvinden en de fossiele grondstoffen opraken? De ijskap smelt en het klimaat vertoont steeds meer extremen. We weten niet of dit met onze leefgewoonten te maken heeft, of dat deze veranderingen heel andere oorzaken hebben; de wetenschappers zijn er nog steeds over verdeeld. Maar het is een feit dat deze veranderingen plaatsvinden, en een grote groep mensen zoekt naar oplossingen om ons leefoppervlak te vergroten en de ruimte te openen voor menselijke bewoning. De ambities zijn groot, de budgetten enorm en de dromen zijn wellicht nog grootser.

Deze dromen vertellen veel over de tijd waarin we leven. Zij doen mij als historicus denken aan de grote utopisten uit de geschiedenis. Van Thomas More tot Voltaire, van Columbus tot Karl Marx: het geloof in een betere wereld waar we op een vreedzame manier kunnen samenleven is van alle tijden en universeel. In de negentiende eeuw werden de eerste schetsen gemaakt van ecologische dorpen, decentrale en onafhankelijke leefgemeenschappen. Avonturiers en wetenschappers zullen altijd op zoek gaan naar nieuwe ontwikkelingen en alternatieven, dus ook naar nieuwe alternatieve samenlevingsvormen, naar plekken waar het anders en beter kan. Dit hoort bij de mensheid in zijn allerdiepste wezen – van vandaag en van morgen. Expansie, pionieren, het trekt en zal blijven trekken, en uiteindelijk brengt het ons ook ergens.

In een tijd als deze, waarin zo veel nieuwe kennis, nieuwe technologieën en mogelijkheden worden ontwikkeld, groeien de dromen van die nieuwe werkelijkheid net zo snel mee. We willen als mensen bouwen en bijdragen aan nieuwe werelden, dat zit in ons DNA. Van sciencefiction naar avontuur, van jongensdromen naar werkelijkheid, de wetenschap en harde feiten voorbij. Dromen, verbeelding en realiteit – deze dimensies lopen door elkaar heen.

Lansdorp kreeg zijn droom over reizen naar Mars toen hij in 1997 op televisie zag hoe de Marsrover Sojourner op Mars landde. De beelden die naar de aarde werden gezonden waren zo indrukwekkend dat het onderwerp hem niet meer losliet. En zo zijn er meer toekomstexperts bij wie het moment dat ze een kijkje in de ruimte kregen of de aarde van een grote afstand zagen hun blik op het leven in het hier en nu compleet heeft veranderd.

Het lijkt erop dat Mars de planeet is waar we die nieuwe werkelijkheid kunnen bouwen en vormgeven, waar we kunnen laten zien dat we woestijnen groen kunnen maken. Het is vrij terrein, zonder overheden, regels en ingewikkelde politiek.

Toen ik Lansdorp in 2012 interviewde, vroeg ik hem wanneer we de eerste Marsbaby's kunnen verwachten. Zijn antwoord was dat dit op zijn vroegst, als het fysiologisch überhaupt mogelijk is, pas na tien jaar zou kunnen. De waardevolle handen op Mars kunnen de eerste jaren na 2023 niet worden vrijgemaakt voor de zorg voor een baby. 'Pas als er twintig mensen geland zijn, kun je iemand vrijmaken voor de zorg van een kind. Alle mensen binnen de nieuwe leefgemeenschap moeten namelijk in al hun capaciteiten worden benut. Het is in principe een gevaarlijke omgeving, en de Martianen moeten een grote opdracht uitvoeren. In een groep van vier of acht kun je eigenlijk niemand missen.' Wie weet kunnen robots in de toekomst die taak overnemen, en wie weet lezen we in 2032 of zelfs eerder dat er een eerste Marsbaby geboren is. De tijd zal het leren, maar ik denk dat er nu al mensen op aarde rondlopen die willen proberen om dit op hun naam te schrijven.

MAAKBAARHEID

In 2012 en 2013 zijn de ontwikkelingen rondom ruimtereizen en expansie van de mensheid in de ruimte in een stroomversnelling terechtgekomen. De rijken der aarde sponsoren grote projecten. Nieuwsgierigheid en de honger naar vernieuwing nemen toe. De ruimte wordt een miljardenbusiness, die als doel heeft alles maakbaar te maken, op aarde en daarbuiten. De mensen die nadenken over de mensheid en haar plaats op aarde en in de ruimte hebben gemeen dat ze zich niet willen laten leiden door pessimisme. Ze laten zien dat het onmogelijke mogelijk is en dat we juist vooruit kunnen. Ze zijn ontzettend optimistisch en geloven in de oerkracht en oplossingsgerichtheid van de mens, die alles kan maken en ontwikkelen, zodat de mensheid in de toekomst enorme stappen zal maken. Het is haast een nieuwe religie, die niet om god draait, maar om technologie. De maakbaarheid van de wereld, de kracht van de mens en zelfs fouten van de natuur worden omgezet in vernieuwing en vooruitgang.

Er kan tegenwoordig zo veel meer dan honderd of vijftig jaar geleden. Denk aan de man die kleurenblind was en nu door middel van nanotechnologie kleurgolven kan horen, of het Chinese jongetje bij wie een genafwijking werd geconstateerd waardoor hij kan zien in het donker.[12] Nu we deze genafwijking kennen, kan deze DNA-fout door middel van gentechnologie worden geproduceerd bij andere mensen. Zo zijn we in staat om uit het beste, en iets wat eigenlijk is misgegaan, iets nog beters te bouwen.

Voor trendonderzoek betekenen deze positieve dromen, enorme ambities en het geloof in vooruitgang dat de zin in verandering groot is. We willen vliegen, grote stappen maken, als Kleinduimpje in de zevenmijlslaarzen, een rondje zonnestelsel rond in tachtig dagen. Er is nog veel te ontdekken in de wereld en daarbuiten, van ruimtegoud tot nieuwe diamanten, hoog in de atmosfeer of diep in de oceaan. Leven we op een stervende planeet of gaan we gewoon nieuwe planeten bewonen naast de onze en daarmee onze planeet weer een nieuwe boost geven? Alles kan en alles is mogelijk, de toekomst is open.

In de volgende snapshot bekijken we hoe dat nu gaat, met het ene been in de werkelijke wereld en één in het andere, virtuele leven. Dat is de derde nieuwe dimensie die we de afgelopen jaren hebben toegevoegd aan ons leven. Wat vertelt die ons?

12 Zie www.ted.com/talks/lang/nl/neil_harbisson_i_listen_to_color.html en www.ad.nl/ad/nl/1014/Bizar/article/detail/3137643/2012/01/25/ Chinese-superheld-kan-zien-in-het-donker.dhtml.

Januari 2010, Avatar

'Mask on!'
— Colonel Miles Quaritch

Jake Sully, geboren op 24 augustus 2126, is een ex-marinier die in het jaar 2154 deelneemt aan het Avatar-programma om te infiltreren in de wereld van de Na'vi. De Na'vi, een buitenaards ras, heeft vele geheimen die de mensen nodig hebben voor een mijnbouwoperatie. Sully is een van de twintig avatars uit de film *Avatar* van James Cameron uit 2010. Als je de film niet hebt gezien, lijkt dit abracadabra, en dat is precies wat het fenomeen avatar doet: verwarren. Je moet in het verhaal zitten om te weten wat zich in die andere wereld afspeelt.

De term *avatar* komt van het Sanskriet *avatara*. In het hindoeïsme bestaat de traditie dat een virtuele belichaming van god bestaat, die belichaming is de avatar. De avatar is de neerdaling, incarnatie of manifestatie van een god op aarde. Op dezelfde manier zijn onze avatars, de manier waarop we onszelf presenteren in de virtuele wereld, met elkaar verstrengeld. We leiden twee levens door elkaar heen, op twee plekken door elkaar heen: het echte leven en het virtuele leven.

MMORPG'S

Met 'tweede leven' refereer ik aan het spel *Second Life*, waarin je via een avatar een tweede leven kon leiden in een virtuele wereld. Het spel werd in 2003 uitgebracht in Amerika. In 2007 en 2008 beleefde het een ware hype en werd er zelfs betaald met een virtuele munt, de Linden Dollar. Ook bedrijven deden mee aan deze 'bubble'. De hype waaide over, maar fenomenen als een virtuele wereld of een virtuele munt bestaan nog steeds en menigeen doet eraan mee. Het gaat daarbij om een tweede leven, deels werkelijk, deels fictief, dat parallel loopt aan het echte leven. Je moet er onderdeel van zijn, eraan meedoen, geëngageerd zijn om het te begrijpen en er de voordelen van te behalen. De virtuele wereld heeft ons leefoppervlak verruimd en is een echte economie geworden; denk aan online netwerken als LinkedIn en Facebook.

Deze tweede levens, in online omgevingen waar andere regels gelden dan in de werkelijkheid, zijn overgewaaid uit de game-industrie. In MMORPG's, *massively multiplayer online role-playing games*, bewegen meerdere deelnemers zich tegelijkertijd voort in een online spelomgeving en hebben via hun avatars contact met elkaar. Die avatars kunnen op hen lijken, maar mensen kunnen zich ook als goden of tovenaars gedragen. Een bekend voorbeeld van een MMORPG is *World of Warcraft*, dat al tien jaar ongekend populair is.

Ook in andere netwerkomgevingen kun je je anders voordoen dan je in je echte leven bent. Je kunt je curriculum vitae oppimpen, jezelf mooier maken of jezelf tien jaar jonger voordoen. Je avatar is dus een droomfiguur, een virtueel figuur, de beste of juiste de slechtste vertolking van je eigenlijke zelf.

'Mijn avatar is mooier dan ik ben en bouwvakkers fluiten haar na als zij voorbijloopt. (...) Ik kan geen genoeg van haar krijgen. In Second Life kan ik geen genoeg van mijzelf krijgen. In First Life heb ik dat gevoel alleen wanneer ik heel veel drink of de illusie heb dat ik heel goed aan het schrijven ben.' Zo omschreef de Nederlandse auteur Ilja Leonard Pfeijffer dit in 2007 in zijn boek *Second Life*. Alle avatars die hij toen tegenkwam, dachten er hetzelfde over. Ze waren echte soulmates. 'Om de haverklap komen er figuren voorbij die zeggen dat het een paradijs is', vertelt Pfeijf-fer in 2010 in een interview met Second Sight.[13]

Na een stortvloed aan publiciteit is *Second Life* enigszins in de vergetelheid geraakt. De hype was na een, twee jaar voorbij. Bedrijven openden winkels en hoopten de echte economie online na te spelen. Maar de winsten bleven achter bij de verwachtingen, en zoals het bij hypes gaat, stortte de markt in één keer in. Maar de trend is niet in één keer voorbij. De belangstelling van internet-ters voor de onlinewereld is de afgelopen jaren alleen maar harder gegroeid.

ENTER THE WORLD!

'Enter the world!', luidt de ondertitel van de film *Avatar* waar deze snapshot om draait. Mensen springen heen en weer tussen de werkelijke en een virtuele wereld. In de virtuele wereld, die ove-rigens ook werkelijk voelt, kun je echt jezelf laten zien. Gezichts-verlies lijd je er niet. Je ontmoet er echte vrienden, met wie je vaak alles kunt delen omdat je elkaar 'in het echt' niet kent. Je stapt in en uit de virtuele wereld wanneer het jou uitkomt: je logt naar believen in en uit.

In 1992 schreef Neal Stephenson het sciencefictionverhaal *Snow Crash*, waarin de idee van een virtuele tweede wereld voor het eerst dieper is uitgewerkt. In Stephensons verhaal is het echte leven, ergens in de 21e eeuw, een stuk minder positief en rooskleurig, en daarom voelen mensen zich aangetrokken tot de Metaverse, een soort cyberspace, dat echter te maken krijgt met een computervirus. Waarschijnlijk werd hier toen voor het eerst voor de consumentenmarkt over een dergelijk fenomeen geschre-

13 In *Second Sight* (2010), www.secondsight.nl/
interview-2/the-second-life-of-second-life.

ven. Het verhaal gaat ook dat Philip Linden, de bedenker van Second Life, op dat moment al aan zijn project werkte, en dat zou niet verbazen. Bij trends hebben meerdere mensen tegelijk hetzelfde idee. Mensen hebben de neiging dezelfde dingen te doen of dezelfde dingen te kopen. Ze krijgen blijkbaar dezelfde signalen of impulsen, het idee hangt in de lucht en op een gegeven moment is de technologie er rijp voor. Blijkbaar hebben we niet genoeg aan onze eigen levens hier op deze wereld, dus ontstaan er verhalen, behoeften om tweede levens in het leven te roepen. En de technologie was er klaar voor.

Toen Stephenson in 1992 zijn verhaal schreef, waren het World Wide Web en zoekmachines nog totaal onbekend bij de massa. Het boek was vooral populair onder vooruitstrevende IT'ers, omdat het zo veel inhoud gaf aan de mogelijkheden van het World Wide Web voor de consumentenmarkt. Het web was destijds alleen nog maar beschikbaar voor het leger en professionals. Vanaf de eerste ontwikkelingen waarbij mensen in staat waren om via de computer informatie te delen ging er letterlijk een nieuwe wereld open. Daarom was Stephensons boek een *must-read* voor pioniers in de computertechnologie. Computerprogramma's zouden virtuele werelden creëren, maar in de vroege jaren negentig was dit nog toekomstmuziek.

Overigens werd al eerder, bij de introductie van online omgevingen voor de NASA en het leger, de term avatar gebruikt voor die virtuele omgeving. Daar werd al geëxperimenteerd met meerdere karakters in verschillende omgevingen. Als je teruggrijpt naar de oorsprong van de term avatar blijkt dat dit multidimensionale karakter veel dieper in de menselijke natuur en cultuur is geworteld dan op eerste gezicht het geval lijkt. Hier gaat het om de verstrengeling van de echte wereld, de fictieve wereld en de virtuele wereld. Bijna alle geloven en culturen kennen dit fenomeen. We zijn de afgelopen jaren geruisloos in een nieuwe realiteit van dubbele werelden terechtgekomen. De nieuwe kerk lijkt daar te zijn waar we mateloos veel vertrouwen in onszelf hebben. Waar deze virtuele belevenissen voorheen voorbehouden waren aan godsdiensten, is het fenomeen in deze eeuw ook ons dagelijks leven binnengedrongen. Het is aardser geworden en neemt opnieuw een belangrijke plek in het menselijke bestaan in. Hoeveel uur per dag zit jij op Facebook? En dan is Facebook nog slechts een van de vele plekken die we online kunnen bezoeken.

In de film *Avatar* zitten eigenlijk alle componenten van dit universele verhaal. Misschien is het op het eerste gezicht een nogal vreemde gewaarwording dat mensen met hun lange staarten inpluggen en uitpluggen, dat ze reusachtig zijn, met grote oren en een blauwe, zebra-achtige huid. Als je er langer over nadenkt, zie je toch gelijkenissen met ontwikkelingen die we nu in ons dagelijkse leven terugzien. Inpluggen en uitpluggen, zelf organiseren wanneer je de virtuele wereld betreedt en daar ook met nieuwe dilemma's te maken krijgen, het lijkt sterk op ons werkelijke leven van tegenwoordig. Op zoek naar het nieuwe goud of juist om nieuwe liefdes en geheimen te ontdekken, er zijn meerdere redenen om steeds meer uren online in een andere wereld rond te dwalen. Wanneer zijn we wie en hoe gedragen we ons waar? We zijn tegelijkertijd aards en ontaard.

James Cameron was al in 1995 aan zijn project *Avatar* begonnen, ruim voordat de technologie klaar was voor dit grootse 3D-project. In een interview zei hij dat hij universele verhalen wil vertellen en deze wil delen met het grote publiek. Het maakt niet uit waar of wanneer deze verhalen zich afspelen – binnen het verhaal maakt het niet uit of het zich in het oude Perzische rijk of in een fictieve toekomst afspeelt. Wel gelooft Cameron dat een toekomstverhaal een groter publiek trekt dan een klassiek epos, de toekomst ligt immers nog niet vast en is minder beladen dan het verleden. Daarom koos hij al in 1995 voor de maan Pandora in het jaar 2154 – inderdaad hetzelfde jaar als waarin *Elysium* zich afspeelt – om daar een wezenlijk verhaal over de mensheid te laten spelen. Diepe verlangens en de relatie tussen mens, medemens en het tweede 'ik', dat is de *storyline.*[14]

OPLADEN EN BIJTANKEN

Pandora is de maan van de fictieve planeet Polyphemus. Het mijnbouwbedrijf Resources Development Administration (RDA), onder leiding van Parker Selfridge, heeft daar een vestiging om een kostbaar mineraal te winnen; unobtanium, een mineraal dat, zoals de naam al zegt, nauwelijks te verkrijgen is. Het doel is strategisch, economisch. Op Pandora leeft een inheemse bevolking van humanoïde buitenaardse wezens, de Na'vi. Ze zijn intelligent zoals mensen, ze lopen ook net als mensen op twee benen, maar zijn een stuk langer, slank, lenig, ze hebben een staart en zijn blauw, met een licht zebrapatroon in hun huid. Via de levensboom, een blauwkruidstam, laden de Na'vi zich op. Ze pluggen als het ware in met hun staarten – ongeveer zoals wij de stekkers van onze apparaten in het stopcontact stoppen.

Op aarde willen de mensen alles leren over die energiebron en tegelijkertijd achter de verblijfplaats en heilige plek van de Na'vi komen. De mensen hebben een techniek ontwikkeld om een wezen te creëren dat een genetische tussenvorm is tussen mens en Na'vi, de *avatar.* Noem het een reusachtige mens die via apparatuur mentaal draadloos wordt verbonden met de mens op aarde. Als je je avatar leeft, heb je daarvoor al je energie nodig en slaap je op aarde. Je plugt in en leeft verder in die andere wereld, in dit geval op de maan Pandora. De mensen die dat doen, werken in opdracht van de RDA. Als de avatar slaapt, kan de verbinding

14 Bron: interview met James Cameron in *Vanity Fair*, december 2009.

verbroken worden, zodat de bestuurder op aarde kan eten en verslag uitbrengen. Via de avatars kunnen de mensen dus ook contact leggen met de Na'vi. De avatar hoeft geen zuurstofmasker te dragen in de atmosfeer van Pandora, die giftig is voor mensen. Je kunt altijd uitloggen als het er te gevaarlijk wordt, daarom gaat het lang goed met het project. Totdat Jake Sully verliefd wordt op een Na'vi. Op dat moment treden er belangenverstrengelingen op en wordt de avatar mens.

Avatar is een prachtig epos over het leven en belangenverstrengelingen, over de ruimte en technologie die klaar is om ons op diverse plekken tegelijk te laten zijn. Het ontaardt in een soort stammenstrijd in de kosmos, waarbij ingewikkelde zakelijke en politieke belangen door elkaar heen lopen. De strijd wordt ergens anders, ver weg, uitgevochten. Door de liefde lijkt de kolonisatie bijna in gevaar te komen en worden daadwerkelijke verbindingen gemaakt tussen verschillende rassen en wezens. Menselijkheid, liefde en zorg zien we ook bij de blauwe grote avatars, dat aspect is toegevoegd aan deze sciencefictionfilm. Je maakt mee hoe we van vreemde volkeren kunnen leren en hoe arrogant we als mensen wel niet zijn. Uiteindelijk volgt het gevecht, de vlucht en uiteindelijk is het de liefde die overwint.

Zijn er gelijkenissen tussen de avatars zoals de mensen die opereren in de film en de avatars in onze tweede levens online? Hoeveel vrijheden en alternatieven biedt zo'n tweede leven ons? Het principe van de film is dat dezelfde mensen of wezens online en offline levens leiden, die op het eerste gezicht veel op elkaar lijken, maar langzamerhand twee verschillende doelen krijgen. Soms overlapt het ene leven het andere, en dan zijn er duidelijke scheidslijnen. In andere gevallen verkiezen ze het leven daar boven hun leven in de echte wereld. Is een tweede leven online of een andere plek waar we niet lijfelijk aanwezig zijn geaccepteerd en al normaal geworden? Waar zijn we wanneer? Dat is niet altijd duidelijk voor onze collega's of partners. Is het leven daarmee ingewikkelder geworden? Ook dringt zich de vraag op wat waar is en wat niet. Een tweede leven dat tegelijkertijd plaatsvindt met het echte leven, online en ingeplugd, is voor velen al een feit. Ik weet niet hoeveel uur men gemiddeld achter de computer leeft en informatie deelt, op Facebook, op Instagram, LinkedIn, op Tumblr of Pinterest, maar het tweede leven online heeft zich wereldwijd snel ontwikkeld. Facebook werd in 2004 opgericht, en is in tien jaar uitgegroeid tot een bedrijf met meer dan een miljard gebruikers en een omzet van bijna 8 miljard dollar. China kent zijn eigen variant. In tien jaar tijd zijn we aan het fenomeen gewend geraakt. Het heeft ons niet alleen meerdere identiteiten gegeven, maar ook nieuwe vrijheden. We kunnen vluchten of ontsnappen wanneer en waar we maar willen.

MAKING WORLDS

Ooit noemde men het fenomeen dat mensen het verschil tussen verschillende werelden en identiteiten niet konden scheiden de meervoudigepersoonlijkheidsstoornis of de borderline-persoonlijkheidsstoornis. Dat was een ziekte, een diagnose voor mensen met een laag gevoel van eigenwaarde of juist voor mensen met overdreven provocerend gedrag. In elk geval toonden mensen die er een tweede of meerdere levens buiten de alledaagse realiteit op nahielden afwijkend gedrag en werden dus als 'ziek' bestempeld. De gevestigde orde was het erover eens dat dit abnormaal gedrag was.

Madonna, die eens per zoveel jaar van identiteit veranderde, was achteraf gezien best gematigd als je haar vergelijkt met iemand als Lady Gaga. Die laatste leeft al die verschillende stijlen door elkaar heen. Ze heeft een topteam om zich heen dat haar binnen een uur een compleet nieuwe identiteit kan laten aannemen. Dat is goed voor de commercie, maar ook het publiek vraagt om die meerdere karakters tegelijkertijd. De zapgeneratie is immers opgegroeid met tientallen zenders, waar ze binnen seconden tussen kunnen schakelen. Hun ouders hadden er vroeger misschien tien en hun grootouders hadden al helemaal geen televisie. Die begrijpen niets meer van deze mix van stijlen die zonder probleem worden afgewisseld. We leven in een tijd van informatieovervloed, waardoor we een groot aantal impulsen tegelijkertijd normaal zijn gaan vinden.

Bij Second Sight maakten we begin 2012 het boek *Making Worlds*, waarin we schetsten dat mensen zin hadden om de wereld vorm te geven en kleur te geven. Ik weet nog goed dat ik in een interview met *De Telegraaf* zei: 'Daar heb je weer van dat roze haar!' De journaliste keek naar me alsof ik met iets compleet nieuws kwam, maar ook zij zag het. Roze en *Avatar*-blauw haar. Ik denk dat deze trend opkwam rond 2009, 2010 in steden als Parijs, Londen en New York. In Tokio was hij al veel langer gaande. Het is een soort *poppy style*, waarin mensen zich laten inspireren door fictieve en virtuele personages. Je ziet dat ze ook teruggrijpen naar karakters uit het verleden of mensen uit verhalen. Mensen laten zich inspireren door het verleden, het heden, die de droomwereld als een fictieve wereld inspireren. 2Pac, de veel te vroeg overleden rapper uit de jaren negentig, zagen we al *back on stage* via holografische technieken. Zelfs na onze dood kunnen we nog een tweede leven leiden.

Alles kan nog veel grootser dan in de jaren tachtig en negentig. Evenementen worden met grotere teams opgezet en dankzij de nieuwste technologie is schaalvergroting en versnelling een feit. Technologie maakt het mogelijk om met meerdere stijlen tegelijkertijd door elkaar heen te spelen en deze stijlen zelfs tot een nieuw geheel te versmelten. Deze trend groeit gestaag door. Door geavanceerde technologie kunnen we verhalen uit het verleden, de toekomst en het nu samenbrengen. Het is een diffuus gebeuren. Mensen spelen met identiteiten, die speels gespeeld zijn en soms worden aangestuurd door topteams. Het is ook een commerciële aangelegenheid. Facebook, Instagram en Lady Gaga – het zijn werelden die gecreëerd worden. *Making Worlds*, omdat het echte leven niet meer genoeg biedt?

Dit is het tegenovergestelde van de mensen in deel 1 van dit boek, die zich volledig inzetten voor één ding en daar heel goed in willen worden, het tegenovergestelde van focus. Maar het gaat ook om de zoektocht naar de echte wereld en het ware ik. In onze beide levens. Wie zijn we en waar willen we zijn? Veelheid en focus leven door elkaar heen, op verschillende momenten.

RUIMTESCHEPPINGEN

Peter Sloterdijk, op wiens filosofie ik al kort inging in snapshot 3, noemt het zoeken naar deze alternatieve werelden, in relatie met het ware ik, een natuurlijk fenomeen dat je kunt vergelijken met het vlooien van apen. Realiteit en virtualiteit zijn parallelle werelden geworden. Werkelijkheid, aspiratie en droomwerelden lopen door elkaar heen. Zoals Sloterdijk in een interview zei: 'De mens is een sferenbouwer want hij moet vorm geven aan de ongrijpbaarheid en de onmetelijkheid van de wereld. Hij zoekt bescherming in zijn omhulsel van huis, land, park, natie, in intieme sferen als relaties of in metafysische stelsels.'[15] In zijn trilogie *Sferen* schrijft hij over de mens en de bescherming waar de mens altijd naar op zoek is. Noem het een harnas. Het is zelfs zo dat 'de vraag naar ons waar zinvoller [is] dan ooit, zinvoller dan die naar ons wat.

15 Interview in *VN*, 6 juni 2009 (www.vn.nl/Archief/ Wetenschapmilieu/Artikel-Wetenschapmilieu/Peter-Sloterdijk-Ik-zeg-u-de-crisis-zal-een-nieuwe-elite-brengen.htm).

We moeten ons richten op de plaats die mensen creëren om te kunnen zijn die ze zijn. Deze plaats heb ik de naam sfeer gegeven. Sferen zijn ruimtescheppingen die als een immuunsysteem werken', aldus Sloterdijk. Zo'n sfeer kan een bepaalde kledingstijl zijn, zoals bij Madonna en Lady Gaga, maar ook een bepaalde plek en omgeving, zoals de bakker en de koffiebrander, of een andere planeet, een andere wereld, zoals in de film *Avatar*.

In *Avatar* besluit Jake Sully uiteindelijk op Pandora te blijven. De planeet voelt voor hem als een warm nest waar het voor hem beter toeven is dan op de aarde met alle harde menselijke ambities. De Na'vi hebben een ritueel ontwikkeld waarbij ze de ziel van een mensenlichaam kunnen overplanten naar de bijbehorende avatar. Een uiterst ingewikkelde technologie die niet zonder gevaren is. Bij Jake loopt het goed af, waardoor hij als Na'vi verder kan leven op Pandora. Als je de theorie van Sloterdijk erbij betrekt, heeft Jake voor zichzelf een nieuwe ruimte, een nieuwe sfeer gevonden waar hij zich prettiger voelt dan in de reële wereld op aarde.

DE NIEUWE (IDEALE) SAMENLEVING

Verhalen over paradijselijke oorden zoals Pandora passen bij onze tijd. Zulke verhalen keren in de geschiedenis regelmatig terug als het echte leven zwaarder en ingewikkelder wordt. Als we terugkijken in de tijd, zijn verhalen over andere en betere werelden er altijd al geweest. Lewis Carroll schreef in de tweede helft van de negentiende eeuw *Alice's Adventures in Wonderland* en *Through the Looking-Glass*. Over Jules Verne hebben we het eerder in dit boek al gehad. Maar de traditie gaat nog verder terug. Het beste voorbeeld blijft *Utopia* van de humanist Sir Thomas More uit 1561, waarin hij een ideale samenleving op het fictieve eiland Utopia beschrijft.

De honger naar betere werelden of nieuwe betere en ideale samen-levingen beleeft ook nu weer een opleving. Ook hier is weer een televisieformat voor geschreven. Op SBS6 is sinds 2014 de serie *Utopia* te zien, met een vergelijkbaar format als dat van *Big Brother*. Vijftien pioniers bouwen een jaar lang aan een compleet nieuw bestaan. De deelnemers beginnen met niets. Een romantische, maar ook bikkelharde strijd om een nieuw leven te beginnen. Dit thema hangt momenteel in de lucht, denk ook aan het project MarsOne uit de vorige snapshot.

Ik weet nog dat ik, als ik het me goed herinner, in 2009 aanwe-zig was bij een toespraak van forecaster Lidewij Edelkoort. Zij ver-telde dat we binnenkort allemaal zin zouden hebben in nieuwe levens, andere levens. Of het nu ging om werk of privé, we zouden volgens haar gaan verlangen naar verandering en vernieuwing. Daarop ontstond in de hele zaal een enorm geroezemoes, zozeer dat Edelkoort haar verhaal niet kon hervatten. Ze moest hierom lachen: dit was precies waar ze op doelde. Iedereen had zijn buur-man of buurvrouw in de zaal meteen iets te vertellen. Iedereen kende een verhaal van iemand die zijn of haar leven had omge-gooid. Op zoek naar Plan B, het hoort bij een tijd als deze. Ook dat is een kenmerk van trends: aan de reacties van mensen zie je hoe rijp de tijd is voor verandering.

Natuurlijk heeft het ook te maken met de staat waarin op dit moment de wereld verkeert – economisch, ecologisch, geo-politiek en technologisch – dat mensen hun heil elders willen zoeken. Ze willen het zelf doen, zelf grip hebben op de toekomst. De interesse voor leven op andere planeten en andere werelden is enorm. Als je de experts en wetenschappers mag geloven, zal het vertoeven op Mars in 2023 of op Pandora in 2154 niet veel pret-tiger zijn dan op de aarde, ook als de aarde er dan veel slechter aan toe is dan nu. Maar aan de andere kant hoor je de voorstanders zeggen dat we, met de nieuwe technologie en de enorme snelheid waarmee die zich nu ontwikkelt, in kortere tijd steeds slimmere technologie kunnen ontwikkelen, waardoor het leven op andere planeten of in andere werelden wellicht veel comfortabeler zal zijn dan wij ons nu kunnen voorstellen. Zij gaan ervan uit dat we de komende jaren extreme groei gaan meemaken door technologische vooruitgang. Er zijn binnenkort dingen mogelijk die tot nu toe onmogelijk waren. Met de kennis dat we de Sahara groen kunnen maken en nieuwe flora en fauna op Mars kunnen planten, zien we de dromen door de werkelijkheid ingehaald worden.

EEN ANDERE CONTEXT

Volgens Cameron zijn verhalen en sciencefiction de ideale manier om je mening over bepaalde onderwerpen te uiten en je boodschap te verspreiden. Je brengt de boodschappen in een andere wereld, binnen een andere context en door middel van andere personages en metaforen deel je een visie op de samenleving en op nieuwe mogelijkheden. *Avatar* gaat deels over de geschiedenis van het menselijk ras: wat als mensen technisch of militair superieur worden aan andere wezens? Het gaat over kolonisatie en het belang van economie en macht. Daar ging het over bij alle grote rijken uit de geschiedenis: de oude Grieken, het Romeinse rijk, de Chinese rijken enzovoort, het is universeel. 'Het is belangrijk dat mensen de patronen van de geschiedenis leren kennen en zien', aldus Cameron in het al eerder aangehaalde interview met *Vanity Fair.* 'De elementen van de verhalen, de gevolgen van het bouwen van superieure rassen.' Denk aan het verbeteren van de mens door middel van biotechnologie en klonen en het op afstand kunnen besturen van mensen: daar moeten we nu over nadenken. Cameron: 'Veel mensen vinden geschiedenis saai of vinden het iets voor boekenwurmen. Daarom werkt het om de verhalen in een ander jasje te gieten. Het is gemakkelijker om een grote groep mensen mee te laten voelen met de Na'vi van Pandora dan met de oude Azteken in Peru, maar het is hetzelfde verhaal (*It's the same frickin' story, you know?*).'[16]

Avatar was een technische doorbraak. Cameron heeft de meest geavanceerde technologieën gebruikt, onder andere door *state-of-the-art* 3D-technieken te gebruiken. De film heeft immens veel geld gekost, maar heeft ook alle kaskrakers tot nu toe overtroffen als het gaat om inkomsten. Alleen al op de dag van de première bracht de film 27 miljoen dollar op, en tot nu toe staat de teller op bijna 2,8 miljard dollar. Door alle effecten waant de bezoeker zich op Pandora tussen de grote blauwe wezens. Kijkers worden meegesleurd in het gevecht. Kosten noch moeite zijn gespaard om mensen een unieke belevenis en een verhaal mee te geven.

Als je *Avatar* vergelijkt met eerdere sciencefictionfilms van Cameron, zoals *The Terminator* en *Aliens*, zie je dat in *Avatar* een positiever beeld wordt geschetst van vreemde wezens of aliens. De wereld van de vreemden is comfortabeler geworden, natuur speelt er een belangrijke rol. De grote blauwe avatars zien er, mede dankzij nieuwe technologie, vriendelijker uit: hightech zilveren robots en glimmend zwarte aliens hebben plaatsgemaakt voor meer menselijkheid en een vredelievend blauw en groen. Grote bomen, planten en stromend water, rijke mineralen en nieuwe grondstoffen – al deze elementen zijn nadrukkelijk aanwezig. Humaniteit, ecologie, kwesties over de staat van de wereld zijn belangrijker, maar ook positiever geworden. 2014 blijkt echt anders dan 1984, toen *The Terminator* uitkwam. Onze inzichten zijn veranderd en de technologie heeft grote stappen gemaakt.

16 Interview met James Cameron in *Vanity Fair*, december 2009.

VERBEELDING

'De digitale effecten hebben minder effect op mensen dan het verhaal', zegt Cameron. Verbeelding, verwondering, ook de belevenis – natuurlijk komen mensen daarvoor naar de bioscoop en natuurlijk verkoopt de film goed op Blu-Ray, maar de kracht van *storytelling*, van imaginaire verhalen, overschrijdt alle budgetten en digitale effecten. Verhalen veranderen niet wezenlijk; ze blijven hun waarde houden, maar worden telkens aangepast aan de tijd en de belevingswereld van de schrijvers of regisseurs.

We zijn op zoek naar vooruitgang, naar nieuwe verhalen over die toekomst, in zekere zin ook op zoek naar nieuwe content. De verhalen in dit deel zijn groot, en gaan vooruit met ongelooflijk veel kracht en positiviteit. Dit deel gaat voornamelijk over nieuwe technologie die daarbij helpt, de mens op weg brengt en grensoverschrijdend handelen mogelijk maakt. Misschien is de schreeuw om verandering van de mensen die grote verhalen schrijven wel veel groter dan die van mensen die de oplossing dichtbij en in de buurt zoeken. Wil je vernieuwen of veranderen, dan moet je die toekomst kunnen verbeelden of inbeelden en zul je nieuwe mythen moeten creëren. Mythen die passen bij onze wensen en idealen, die een tijd mee vooruit kunnen. Dan heb je goede verhalen nodig. Einstein zei al: 'Imagination is a preview of life's coming attractions.'

Regisseurs, verhalenvertellers, kunstenaars, maar ook gameontwikkelaars en andere mediaontwikkelaars zijn in staat om ons te teleporteren naar een andere realiteit. Deze andere realiteit, een andere wereld met andere beslommeringen, levert nieuwe inzichten op voor deze tijd. Want pas wanneer je van een afstand kunt kijken naar het leven in het hier en nu kun je een stap vooruit doen.

Er doen momenteel zo veel verhalen de ronde, er zijn zo veel nieuwe verhalen, mythen die allemaal handvatten geven voor mensen. Nieuwe geloven komen op. Geloven die mixen zijn van oude en nieuwe geloven. In deze tijd kunnen we het al niet meer over multimedia hebben, maar is er sprake van omnimedia. Media zijn overal. Alles is een medium. Dat betekent dat er ruimte is voor nieuwe verhalen, nieuwe helden en karakters.

Verhalen zijn universeel. Een mooi voorbeeld van hoe je karakters kunt gebruiken komt uit Japan, dat een diepgewortelde cultuur van *character building* en *storytelling* kent. In de Japanse cultuur heeft manga een belangrijkere positie dan strips binnen de westerse cultuur. Het is een gerespecteerde kunstvorm en behoort tot een vorm van populaire literatuur. Het is dus niet zoals in het westen, waar strips voornamelijk voor kinderen zijn. Een functie van manga is om meningen en kritiek op bepaalde zaken te uiten. *Characters* worden gebruikt om onderwerpen te bespreken waarover niet eenvoudig gesproken kan worden. Zo zijn er in diverse culturen allerlei manieren om andere werelden, andere karakters een rol te laten spelen in het hier en nu.

GROOTS

Als we alles samenbrengen, zien we dat grote en kleine toekomstverhalen heel goed kunnen samengaan. We kunnen niet meer in één verhaal denken. Culturen en media vermengen zich op wereldniveau. We kunnen ook niet meer in één oplossing denken, daarvoor doen er te veel visies, te veel waarheden en wijsheden de ronde.

In de grote verhalen zitten kleine details, nuances en bijzondere ingrediënten om de geschiedenis of toekomst vanuit een afstand of helicopterview te bekijken. Als de afstand groter is, lijken nieuwe structuren, andere of minder bekende structuren minder eng. Op het moment waarop Parker Selfridge in de film *Avatar* besluit om te stoppen én voor het echte leven te kiezen, op een andere planeet waar meer empathie en liefde leeft, is het duidelijk dat op aarde voor hem in de toekomst 'iets' tekortschiet. Goed om over na te denken. We hebben nog niet alles gezien, we zijn niet alwetend en er ligt nog veel groots in ons verschiet. Miljoenen, triljoenen lichtjaren en verhalen ver vooruit, daarover ging deel 2 van dit boek, maar tegelijkertijd is deze verre toekomst zo dichtbij. Dat betekent dat we nu uitgedaagd worden om over de verdere toekomst na te denken, om stappen te maken die leiden naar de wereld van morgen. Wellicht openen de sciencefiction-schrijvers van nu ons ook de ogen voor wat ons hier op aarde 'nu' te doen staat. In het volgende deel kijk ik hoe diverse disciplines visies en ideeën samenbrengen en wat zij samen wellicht teweeg kunnen brengen. Deze eeuw zal op een andere manier georganiseerd worden dan de vorige, maar hoe?

DEEL 3

SAMENBRENGEN

Nu we weten dat beide ontwikkelingen die in deel 1
en 2 zijn beschreven – de hang naar kleine en grote
verhalen, naar dichtbij en naar verder weg, naar de
historie en naar de toekomst – tegelijkertijd groeien,
maar ook dat 'oud' en 'nieuw' veel meer in elkaar
verstrengeld zitten dan we aanvankelijk dachten, is
de grote vraag hoe we als mensen deze eeuw gaan
organiseren. Er komen nieuwe uitdagingen op ons af
en we zullen nieuwe vragen moeten stellen. Hoe gaan
we die toekomst vormgeven met de kennis die we nu
hebben en die we van dag tot dag ontwikkelen? Maar

ook hoe gaan verschillende disciplines samenwerken
om die werkelijkheid van schijnbaar tegenstrijdige
belangen als klein én groot samen te brengen of
vreedzaam naast elkaar te laten bestaan? Vanuit
welke inzichten, disciplines en constructies zullen
we de komende jaren bouwen? Wat zijn de nieuwe
gedachten over die nieuwe wereld die in de maak is?
Daarover gaat dit derde deel waarin ik drie interviews
met experts vanuit hun eigen gedachten laat zien. Deze
drie interviews gaven mij het inzicht dat die nieuwe
werelden in de maak zijn. Het eerste verhaal behelst het
terrein van natuurwetenschappen, de bètastudies, het
tweede die van mens- en organisatiewetenschappen, de
gamma's en het derde dat van geesteswetenschappen,
ideeëngeschiedenis – de alfa's.

April 2012, blikwisselingen

'A good question is, of course, the key by which infinite answers can be educed'
— Isaac Asimov

I n dit derde gedeelte van het boek ga ik dieper in op diverse kunsten en disciplines, de diverse achtergronden van experts die vanuit hun kennis en kunde werken aan de toekomst. In deze snapshot gaat het over de feiten, over de harde wetenschap, zoals het terrein van de bètawetenschappen ook wel wordt genoemd. Deze wetenschappen staan momenteel in hoog aanzien. Ouders moedigen hun kinderen aan om te kiezen voor exacte vakken zoals natuurkunde, wiskunde, scheikunde en biologie en voor technische studies; het bètapakket is in. De nieuwe wereld moet worden gebouwd, en daar zijn technici voor nodig: ingenieurs, architecten, data-architecten, netwerkbouwers enzovoort.

In deze disciplines gaat het vaak over nieuwe ontwikkelingen, ontdekkingen en vooruitgang, met name technologische vooruitgang die wordt gezien als grote aanjager van voorspoed. Het gaat ook over nieuwe inzichten die veelal op hun beurt weer voor nieuwe wereldbeelden zorgen. Ook dat is een belangrijk aspect van de bètastudies.

ALS JAZZ

'Wat is natuurwetenschap?' Deze vraag stelde Isaac Asimov zich toen hij een boek schreef over de moderne natuurwetenschappen.[17] Hij benadrukte dat een lezer of gebruiker van trends zich eerst goed bewust moet zijn van hoe de wereld in elkaar zit, voordat hij of zij een visie op de moderne wereld kan ontwikkelen. Natuurwetenschappen spelen een grote rol in de wereld waarin wij leven, en als je niet weet wat deze precies inhouden, weet je niet wat je ervan kunt verwachten.

In het voorjaar van 2012 interviewde ik de natuurkundige Robbert Dijkgraaf, vlak voordat hij verhuisde naar Princeton, waar hij het Institute for Advanced Study zou gaan leiden.[18] Tijdens het interview vertelde hij mij meer over de rol van grote ontdekkingen in de exacte wetenschap en hoe exacte wetenschappers te werk gaan. Hoe zij daar in Princeton, in de voetsporen van Einstein, tot grote nieuwe inzichten komen. Het doel van het instituut in Princeton is dat topwetenschappers van over de hele wereld samen op zoek gaan naar de volgende grote ontdekking, al weten ze zelf nog niet wat dat zal zijn. Het instituut biedt als het ware ruimte aan de meest gespecialiseerde geesten, die stuk voor stuk het meeste weten op hun specifieke vakgebied. Allerlei mensen met verschillende achtergronden en interessegebieden komen samen om de signalen die zij opvangen te delen met wetenschappers op andere terreinen en zo samen misschien tot een nieuwe ontdekking te komen. Er wordt niets geforceerd, er zijn geen harde deadlines. Het instituut faciliteert slechts de vernieuwingszin.

Dijkgraaf legde mij uit dat als zo'n moment – als bijvoorbeeld een nieuwe ster zich ontpopt – zich voordoet, deze wetenschappers hun vaste perspectief meteen loslaten; het is een alertheid op de blinde vlek, die nieuwe uitvinding waarvan ze nog niet pre-

---

17 Isaac Asimov (2011). *De moderne natuurwetenschappen.*
   Utrecht: Het Spectrum.
18 Het interview is te lezen in *Second Sight* (2012), Connections, nr. 30.

cies weten hoe die eruitziet en wat deze behelst. Als dit moment zich voordoet, laten ze hun eigen visie los ten behoeve van de wetenschap. Het is het gemeenschappelijke doel om individueel en samen uiteindelijk tot een maximaal resultaat te komen. Het samenwerken van die verschillende disciplines vergeleek Dijkgraaf met moderne jazzmuziek, waarbij alle muzikanten hun eigen instrumenten perfect kennen en bespelen, maar kunnen loslaten en improviseren om samen een hoger doel te bereiken. Iedereen die aan het instituut verbonden is, is daar gefocust op zijn eigen onderzoek, maar kan die focus ook loslaten, en daar zou zo maar een nieuwe ontdekking uit kunnen voortkomen.

Aan Princeton is de relativiteitstheorie uitgewerkt en de kwantumfysica ontwikkeld die van grote invloed is op onze samenleving. Dankzij de kwantumfysica hebben we computers en zijn we in staat om over grote afstanden verbindingen te leggen. Eeuwenlang hebben we de wereld bekeken en verklaard vanuit een atomistische opvatting. De wereld zou bestaan uit atomen: losse, op zichzelf staande deeltjes. Tot ze begin van de vorige eeuw tot de ontdekking kwamen dat er ook meer bestond dan atomen alleen. Protonen, neutronen en elektronen en nog meer. Er bestond ook een relatie tussen de verschillende deeltjes en datzelfde deeltje kon op hetzelfde moment op twee plekken gelijk zijn. Er kwam van alles aan het licht: de natuurkrachten bleken niet continu te zijn, de natuur staat niet vast, deeltjes vertonen eigenschappen van golven. Op basis daarvan ontstaan allerlei paradoxale effecten, zoals tunneling en kwantumverstrengeling en staan deeltjes niet op zichzelf, maar zijn met elkaar in verbindingen afhankelijk van elkaar.

Voor de wetenschappers van het begin van de twintigste eeuw kwamen al deze uitvindingen als een schok van jewelste. Zo schreef Niels Bohr: 'Wie niet schrikt wanneer hij voor het eerst met de kwantumtheorie in aanraking komt, kan er onmogelijk iets van begrepen hebben.' Voor Einstein was de schok nog groter – het was alsof de grond onder zijn voeten werd weggeslagen en hij geen stevige basis meer had om op te kunnen bouwen. Vergelijk het met de ontdekking dat de wereld niet plat was, maar rond. Kaarten moesten worden aangepast, ons wereldbeeld moest worden bijgesteld en er werden dingen mogelijk die lange tijd voor onmogelijk werden gehouden. Zo ging het ook met de ontdekking van de kwantumfysica. Met die ontdekking kon de twintigste eeuw beginnen. Computers en vele andere uitvindingen werden mogelijk. De wereld werd tegelijkertijd kleiner en groter.

De ontwikkelingen op het gebied van de kwantumfysica gaan nog steeds door: in 2012 werd het Higgs-boson ontdekt, een elementair deeltje dat wetenschappers onder andere inzicht geeft in de manier waarop andere deeltjes massa verkrijgen. We hebben de geheimen van de natuur nog lang niet ontrafeld. Veel wetenschappers hielden het bestaan van dit deeltje voor onmogelijk. Toen uit Genève, waar het onderzoeksinstituut CERN is gehuisvest, het bericht kwam dat het deeltje echt bestaat, zag je de tranen in de ogen van de wetenschappers die hun leven hadden gewijd aan het bewijzen dat dit zeventiende deeltje wel degelijk bestaat. Peter Higgs en François Englert, de aanjagers van dit onderzoek, hadden niet verwacht dat ze de ontdekking van dit deeltje nog tijdens hun leven zouden meemaken. Het bewijs dat dit deeltje bestaat, werd sneller gevonden dan ze voor mogelijk hadden durven houden. In 2013 kregen zij gezamenlijk de Nobelprijs voor de Natuurkunde voor hun ontdekking.

Nieuwe feiten en nieuwe inzichten kunnen de wereld veranderen. Volgens Robbert Dijkgraaf zal de wetenschap altijd een volgende uitdaging vinden of achterhalen. Wetenschap is nooit af. Paradoxaal genoeg kan de ontdekking van een piepklein deeltje grote gevolgen hebben voor onze maatschappij, voor ons leven.

NIEUWE VISIES

Op het moment dat er zo'n ontdekking wordt gedaan, moeten oude ideeën worden losgelaten en krijgen nieuwe ideeën vorm. De nieuwe wereld wordt stap voor stap omarmd en wordt alsmaar tastbaarder. Zoals ik hierboven als schreef, kan dit ook voor natuurkundigen een grote schok zijn. Uiteindelijk wordt het nieuwe geaccepteerd als feit; het went. We kennen meerdere voorbeelden van zulke schokken uit de geschiedenis, bijvoorbeeld het werk van Galilei. Nieuwe inzichten zorgen voor nieuwe visies op de werkelijkheid. Eerst ontstaat chaos en onduidelijkheid, maar daarna zullen de voorbeelden de nieuwe werkelijkheid inkleuren. Zoals de ontwikkelingen in de natuurkunde dit ook aantoont, hebben nieuwe inzichten tot nieuwe ontdekkingen geleid en de intermenselijke verhoudingen, ook op geopolitieke schaal, compleet veranderd. Deze wereld met deze mate van verbondenheid is totaal anders dan de wereld van de negentiende en twintigste eeuw. Ik noemde eerder al de computer als uitvinding, maar denk ook aan elektriciteit, aan nieuwe transportmiddelen en mobiliteit in zijn algemeenheid, maar ook de opkomst van fabrieken, van consumptiegoederen en massamedia. Steden en landen kwamen met elkaar in verbinding, men kon vliegen naar andere continenten en zelfs de aarde even verlaten.

De kwantumgedachte is overal aanwezig en kan in steeds kleinere machines worden geïmplementeerd, zoals de pixels in je mobiele telefoon nu. We zijn in staat om boodschappen over te brengen in *realtime*, we hebben kleine slimme robots en nanofabrieken ontwikkeld en de gentechnologie is tot steeds meer in staat.

De vooruitgangsidee en de technologie hebben ons in een korte tijd veel gebracht. In de kunsten, de mode en de maatschappij zag je de weerslag van een nieuwe natuurkundige visie terugkomen. Zo zie je dat bij het veranderen van een visie op de wereld binnen de maatschappij ook nieuwe ideeën en gedachten ontstaan; ontwikkelingen in de wetenschap zijn verbonden met het straatbeeld. Nieuwe ontdekkingen vragen om nieuwe experimenten, bijvoorbeeld in de kunst. Het kubisme van Picasso en het surrealisme van Dali pasten in een tijd van nieuwe ontdekkingen die ook op andere terreinen voor zo veel nieuwe inzichten en vrijheden zorgden. Kunstenaars zijn gevoelig voor de vele nieuwe vragen die in zo'n tijd opkomen.

Ook op andere terreinen zag je deze weerklank. In de psychologie die toen ontstond, legden Freud en Jung nieuwe kruisverbanden tussen heden, verleden en toekomst, onze intuïtie en het bovenbewustzijn. Uiteindelijk kunnen we over die tijd zeggen dat het een wervelende periode was die de wereld op zijn grondvesten heeft laten dansen. Secularisering, individualisme, muziekstromingen als jazz en blues: al deze fenomenen zorgden voor pittige discussies en dynamiek. Voor- en tegenstanders debatteerden over de vraag of de wereld wel of niet voorspelbaar was, maar het feit was daar dat ze veranderde.

De kwantumfysica leidde eind jaren dertig tot het inzicht dat bij het splitsen van atoomkernen enorme hoeveelheden energie kunnen vrijkomen. Deze ontdekking leidde niet alleen tot de ontdekking van een nieuwe energiebron, maar ook tot de uitvinding van de atoombom, die in de eerste decennia na de Tweede Wereldoorlog een opkomend nihilisme tot gevolg had. Gelukkig heeft niemand tijdens de Koude Oorlog op de lanceerknop gedrukt. Op kleinere schaal komen de gevolgen van deze ontdekking dagelijks aan ons voorbij. Denk aan de vermeende plannen van Iran om een kernwapen te produceren, maar ook aan de kernramp in Fukushima van 2011. Waar dit eindigt, weten we nu nog niet. Wel weten we dat we hier voor een uitdaging staan en moeten nadenken over de toekomst van kernsplijting.

Bij de ontdekking van die allerkleinste deeltjes en nog kleinere deeltjes zullen we nog meer leren over de natuur en ons mens-zijn. Bijvoorbeeld over hoe ons menselijk brein werkt en hoe alle dingen in de wereld onderling met elkaar verbonden zijn. Niets staat op zichzelf. Er zijn grote ontwikkelingen gaande op het gebied van de neurowetenschappen en door het inzoomen op de allerkleinste deeltjes zullen we waarschijnlijk nog meer leren over het universum en de verbondenheid tussen mens en natuur. De wetenschap raakt ons allemaal. Met behulp van de technolo-gie zullen we nog slimmer worden dan we al zijn. We zullen nog meer leren over de kwintessens van ons bestaan en van de natuur, het leven op aarde en verder weg in de kosmos.

VERSCHILLENDE PERSPECTIEVEN

Ik vroeg Dijkgraaf in 2012: 'Gaan we naar Mars?' Hij antwoordde, met een glimlach: 'Of we naar Mars gaan, kan ik niet met volle zekerheid zeggen, maar dat we de kosmos gaan exploiteren – ja, dat gaat in deze eeuw waarschijnlijk wel gebeuren.'

Tijdens het interview gaf Dijkgraaf mij inzicht in de manier van denken en onderzoeken zoals wetenschappers dat doen; *blikwis-selingen*, zoals hij dat noemt. 'We zijn gewend om dingen van één kant te bekijken. De menselijke geest concentreert zich in principe altijd op één ding. De mens probeert vanuit één perspectief naar de wereld te kijken. Grappig is dat ik zelf de samenhang der dingen de afgelopen jaren bijna lijfelijk gevoeld heb. In mijn werk stap ik continu van de ene wereld in de andere. En wat je tot je verbazing dan ziet, is dat je helemaal geen zuurstofmasker op hoeft te doen of door een sluis hoeft te gaan om een andere wereld te betreden. Je kunt zo van de ene wereld een andere binnenwandelen. Wij hebben in ons hoofd allemaal barrières gebouwd, maar die blijken in de werkelijk slechts stippellijnen te zijn. Je kunt zo doorlopen.'

'De wetenschap heeft ons bijgebracht om vanuit verschillende perspectieven naar één ding kijken. De kunst is om die perspectiefwisselingen te beheren, maar ook te weten wanneer je moet overspringen naar een nieuw perspectief. Ieder perspectief heeft een meerwaarde, maar ook een beperking. In de wetenschap ben je altijd op zoek naar nieuwe perspectieven. Het is niet zo dat het ene perspectief voor het andere in de plaats komt; het wordt eraan toegevoegd. De grootste kunst is om te weten wanneer je van perspectief moet wisselen. Het gaat dan om de kennis die de blik van dat ene perspectief overstijgt.'

In het interview citeerde Dijkgraaf een regel van kwantumfysicus Wolfgang Pauli, zijn grote natuurkundige held. Een week na de geboorte van de kwantumtheorie scheef die in een brief: 'Ja, ik snap het, als ik met mijn linkeroog kijk, zie ik een deeltje, als ik met mijn rechteroog kijk, zie ik een golf, als ik beide ogen open, word ik gek.' Dijkgraaf: 'Dat is een normale reactie van mensen – het is veel prettiger om één oog dicht te houden. Dan kun je het prettig van één kant bekijken. Maar de moderne realiteit is dat die dingen helemaal met elkaar zijn vestrengeld, en dat is ook het spannende van deze tijd. Het heeft ook een beetje te maken met de fragmentatie van kennis. Met kennis graaf je steeds dieper, dus eigenlijk ga je dingen doen die steeds verder weg staan van de beleving van de mensen, maar daardoor worden ze enorm invloedrijk en zit het soms letterlijk in je bloed. Eigenlijk loopt de ene wereld zo in de andere over. Die kennis is tegelijk heel ver weg en heel dichtbij. En dat betekent dat grenzen, tussen de economie, maatschappij en kennis, vervagen.'

'In de wetenschap waren de grenzen vroeger veel meer zwartwit; je ziet de grens nu transparanter worden. Denk aan een fractal waarin alles in elkaar doorloopt. Dat heeft zijn weerklank op onze maatschappij. We krijgen daarom ook een ander type mensen. Bij de jonge generatie wetenschappers zie je een jonge intellectuele nieuwsgierigheid, een maatschappelijke betrokkenheid én het besef van een economisch nut van naast elkaar leven.'

En dat brengt ons weer naar die nieuwe tijd, die nieuwe eeuw met nieuwe kansen waar we inmiddels zijn aangekomen. Met de verruiming en verdieping van inzichten en perspectieven stijgt het aantal combinaties exponentieel. We zien boeiende dingen ontstaan. De werkelijkheid is complex, dat zie je als je inzoomt. De grote uitdaging van de wetenschap is om af en toe van blik te wisselen. Wetenschappelijke kennis is cruciaal voor ons begrip van de wereld waarin we leven en de maatschappij begrijpen. Wetenschappelijke kennis is misschien wel de meest diepgaande bron van verandering. De wetenschap gaat alleen heel langzaam, kruipend langzaam, en toch hoef je maar terug te kijken in de tijd om te zien hoe de technologie onze samenleving heeft getransformeerd. Het heeft veel veranderd in onze manier van denken en handelen, in onze economie en de banen die nu ontstaan. De werkelijkheid is complex, maar alles is eigenlijk op een heel natuurlijke manier met elkaar verbonden. Dan blijkt de wereld een stuk eenvoudiger en rustiger te zijn dan je op het eerste gezicht dacht.

OPEN

Informatietechnologie gaat over verbindingen maken, over connectiviteit. IT en internet hebben de afgelopen decennia gezorgd voor een omslag in ons denken en handelen, zoals dat nu in de medische sector en de energiebranche gebeurt. Door inzet van geavanceerde technologie, nanocomputers, robots die operaties op afstand kunnen uitvoeren of huizen die onderling met energienetwerken elkaar energie leveren, zie je dat de oorspronkelijke functies van bijvoorbeeld een arts of het energiebedrijf veranderen. Het lijkt alsof de arts van het bed van de patiënt naar het laboratorium met techneuten verhuist, en het energiebedrijf een opslag- en distributiekanaal wordt. Ook met biotechnologie, 3D-nanoprinting en klonering veranderen systemen en zien we een nieuwe soort van samenwerkingsvormen ontspruiten. Cross-disciplinair ontstaan er nieuwe mogelijkheden. We staan waarschijnlijk aan het begin van weer een nieuwe techrevolutie.

Elke branche zal dit merken, je ziet het al in mediaproducties en in de mode. Maatwerk voor bijvoorbeeld mode en retail is goedkoper geworden door nieuwe technologie en ingenieuze nieuwe lasertechnieken. In de productieketen wordt afval een nieuwe grondstof en in de landbouw zien we ook nieuwe revolutionaire technieken de oude, trage productie overnemen. Boerenbedrijven worden hightechbedrijven, een soort nieuwe fabrieken waar vanuit een andere gedachte wordt verbouwd. Deze tijd is enorm boeiend dankzij de vele ontdekkingen en technologisch vernuft.

We zien de nieuwste lichte stoffen en materialen op de markt komen. Dankzij kennis en innovatie in de ruimtevaart verwerven we steeds weer nieuwe inzichten: in de ruimtevaart is het onbetaalbaar om zware materialen mee naar boven te nemen – daarom ontwikkelen ze nieuwe superlichte materialen, die ook op aarde voor verlichting zorgen, in de mode, de vliegtuigbouw of de voedingsindustrie. Innovatie is overal. Nieuwe slimme technologie en vederlichte materialen veranderen onze leefwereld.

De productieketen en het wezen van de producten zelf veranderen. De toekomst staat open. Dat zie je in elk vak en op elk terrein. Ook in het trendwatchvak. Ik citeerde eerder al Ari Popper, die ouderwetse trendwatchers met inbelmodems vergeleek. Openheid en nieuwe structuren veranderen de regels en wetmatigheden. Sommige slijten, andere blijven hun waarde behouden en er komen steeds nieuwe op. Er ontstaan nieuwe structuren, nieuwe modellen, nieuwe waarden en nieuwe competenties. Dat heeft net als in de natuurkunde alles met elkaar te maken.

KRUISBESTUIVINGEN

Zoals ik in de eerste twee delen van dit boek heb laten zien, kunnen we niet zo eenvoudig zeggen dat de wereld kleiner of groter wordt. Zulke eenvoudige voorspellingen lukken niet meer anno 2014, waarin beide waarheden door elkaar heen lopen en diep met elkaar verbonden zijn. De wereld wordt kleiner, maar tegelijkertijd is de wet van de grote getallen actueler dan ooit. Schaalvergroting is een fenomeen dat nog steeds groeit, maar tegelijkertijd verkleinen we onze leefomgevingen, onze sferen. We passen ze aan een menselijke maat aan. Kleine veranderingen kunnen op hun beurt een grote storm veroorzaken in een wereld zoals die nu is, waar alles sterk met elkaar samenhangt. De dualistische kijk op de wereld, van oost of west, noord of zuid, links of rechts of welke tweedeling dan ook, loopt op zijn einde. Alles is verstrengeld en ouderwetse tegenstellingen lijken elkaar alleen maar te versterken. We zien dat klein een heel grote impact kan hebben.

Dit betekent ook dat alles niet meer voorspelbaar is en dan weer zeer voorspelbaar. Iets anders wat het bèta-onderzoeksveld ons leert, om precies te zijn de biologie, is dat bij zo'n grote hoeveelheid informatie de kruisbestuivingen ervan niet veelzijdiger worden. Veel betekent namelijk ook meer van hetzelfde. 'Alle blogs posten hetzelfde', zeggen we bijvoorbeeld in de mediawereld.

HET VLINDEREFFECT

In onze dynamische wereld met haar sterke onderlinge verbondenheid, tussen computers, mensen, markten, kan een kleine lokale verandering een wereldwijd effect hebben, zoals de vleugelslag van een vlinder een enorme storm aan de andere kant van de wereld kan veroorzaken. De Amerikaanse wiskundige en meteoroloog Edward Lorenz noemde dit het vlindereffect.

Lorenz' theorieën gaan over de correlatie en gevoeligheid van bepaalde zich chaotisch gedragende verschijnselen. Dat is een metafoor voor wat we nu om ons heen zien gebeuren en een manier van denken die ik in het trendonderzoek toepas. Voor mij gaat dit vak minder om voorspellen dan om *voorstellen*. Stel je voor dat verandering of ontwikkeling 'A' van invloed is op 'C tot Z' en daarin een verandering kan aanwakkeren. Daarvoor moet je tot in de kern van die kleine, soms onbeduidende ontwikkeling of verandering duiken. Het vlindereffect is in dit geval een steeds terugkerend en groeiend patroon dat van een kleine, onbeduidende gebeurtenis uitgroeit tot iets heel groots. De natuur werkt via een goed georganiseerd plan, zoals de biologen zeggen. Het leven verloopt niet lineair, dus niet rechtlijnig of hoekig, maar juist in cirkels. De vleugelslag van een vlinder is stil en voorzichtig, je merkt hem nauwelijks op. Maar ook al lijkt die kleine beweging onbeduidend, aan de andere kant van de wereld kan hij uiteindelijk een storm veroorzaken.

In de wiskunde stamt het vlindereffect uit de theorie van de fractal. Een fractal is een meetkundig figuur waarvan de structuur zichzelf continu herhaalt op een andere schaal. Fractals komen ook voor in de natuur. Zo kent de varen een bladstructuur waarin dezelfde vorm zichzelf continu herhaalt als je verder inzoomt. Een ander voorbeeld is de romanesco bloemkool. Bij sommige fractals komen motieven voor die zich op steeds kleinere schaal herhalen. Ooit stond er op de cacaoblikken van Droste een meisje met een Droste-blik, waarop weer datzelfde meisje met een Droste-blik stond, enzovoort. Als kind kon ik uren naar dat plaatje kijken. Ook bij Escher zie je structuren die zich herhalen of elkaar beïnvloeden. Vanuit één kern ontstaan oneindig veel details en afgeleiden.

In de vlindertheorie duik je de kern in, om de loop der dingen te onderzoeken. Dat betekent dat in chaotische situaties van tegenwoordig kleine keuzes vaak een groot effect kunnen hebben. Juist wanneer je denkt dat iets er niet zo veel toe doet, kan het tegengestelde waar zijn. De chaostheorie, de theorie van memes en fractals – het zijn allemaal metaforen voor de manier waarop bepaalde ontwikkelingen of trends langzaamaan ons leven binnensluipen en geleidelijk groot worden, zonder dat we het doorhebben. Zo gaat het met tijdgeest, maar ook met nieuwe visies en wereldbeelden.

Zo'n systeem werkt niet lineair, maar disruptief. Eén zwaluw maakt nog geen zomer, maar de komst van die ene zwaluw zegt wel degelijk iets over de zomer die in aantocht is. Het einde van de winter is in zicht, dat is in elk geval een feit. De evolutie en natuur is gestoeld op chaos en toevallige ontdekkingen die in de lucht hangen, dat is wat het begin van dit hoofdstuk ons leerde, en dat is wat een instituut als het Institute for Advanced Study in Princeton faciliteert.

Net als in de tijd van Einstein en Bohr staan we ook nu midden in het tumult van nieuwe ontdekkingen. Er gaan nog steeds nieuwe deuren in de wetenschap open. Elke keer leer ik nieuwe dingen van computerwetenschappers, hersenonderzoekers en wiskundigen die nieuwe modellen maken voor verzekeringsmaatschappijen. Een wereld in verandering is op zoek naar nieuwe modellen en processen, waarin we enorm afhankelijk van elkaar geworden zijn en waar grenzen vervagen. Bètawetenschappers denken na over correlaties, verbanden, wetmatigheden en de natuurlijke loop der dingen. Als nieuwe uitvindingen en ontdekkingen zich aandienen, moeten we ook ons wereldbeeld bijschaven. Daar gaat tijd overheen, ervaring en experimenten. Dat was al zo in de tijd van Pythagoras, in de tijd van Newton en in de tijd van Einstein, en zo is het ook nu, in de tijd van Peter Higgs en Robbert Dijkgraaf.

We zullen de komende jaren nog veel leren over onze menselijke natuur – hoe onze hersenen informatie verwerken en hoe wij als mens beslissingen nemen. Maar ook gaan er ongetwijfeld nog deuren open over hoe onze wereld zicht verhoudt tot het heelal, en leren we of er andere levende wezens bestaan op andere planeten, over wat zich allemaal afspeelt in die grote ruimte buiten onze bekende wereld. Dankzij nieuwe, kleine slimme apparatuur, robotrovers en het feit dat we nog veel beter kunnen inzoomen, leren we jaarlijks veel bij over de kosmos.

LANGE TERMIJN

Er zullen in de toekomst nieuwe ontdekkingen worden gedaan die ons vertellen dat de werkelijkheid anders is dan we nu denken. In de exacte wetenschappen worden uitvindingen gedaan die ons inzicht in bepaalde zaken compleet zullen veranderen, van productiewijzen tot organisatiestructuren, van de landbouw tot de geneeskunde, van distributie tot communicatie, van procesmanagement tot ecologie. De afgelopen eeuw is de wereld op zijn kop gezet, en zo zal dat ook nu weer gebeuren.

Het betekent soms dat we ruimdenkender zullen moeten worden, dat we van blik moeten wisselen, of door tijdtunnels gaan. Na verandering, chaos en onzekerheid komen er nieuwe duidelijke punten aan de horizon waarop we ons weer kunnen focussen. Dat is de essentie van de natuur: nu eens loslaten, dan weer focussen. Ook natuurwetten of onze kijk op de natuur der dingen kunnen blijkbaar veranderen. Het vraagt wel iets van ons inlevingsvermogen, en we mogen er best van schrikken. Zo ging het ook met Einstein en Bohr aan het begin van de vorige eeuw. Als je er niet van schrikt, zul je het nooit begrijpen, was hun gedachte.

Zoals Robbert Dijkgraaf aangaf, is het meemaken van deze omslag een vreemde gewaarwording. Je wordt er in zekere zin door ontwricht. Van tevoren lijkt het alsof je door een sluis van de ene naar de andere wereld moet; je hebt het idee dat je een zuurstofmasker op moet doen om te overleven. Maar nadat je de stap gemaakt hebt, blijkt de stap veel eenvoudiger dan je had gedacht. Zo werkt het ook met visies en nieuwe ideeën en met de werkelijkheid zelf. Een zeer geruststellende gedachte.

Natuurkundigen zijn altijd weer op zoek naar de volgende vraag. Zij zullen dezelfde punten altijd van meerdere kanten blijven bekijken om zo tot een nieuwe uitvinding of idee te komen. Dat kan tergend langzaam gaan, maar het kan enorme gevolgen teweegbrengen. Soms gaat het denderend snel, zonder dat we erbij stilstaan. Wat is de volgende stap of verklaring van ons bestaan en de wereld? Dat weten we nog niet, maar dat die komt, dat is zeker. Het is een niet te stoppen reis, een oneindige zoektocht naar nieuwe antwoorden. De exacte wetenschappen duiken de diepte in en gaan op zoek naar een nieuwe werkelijkheid of waarheid. Zij ontmaskeren een bepaald mysterie, iets waarover zij graag de waarheid willen weten. Ze willen die waarheid op tafel krijgen, ontrafelen tot op de kern. Ze gaan op zoek naar de verklaring over het 'zijn der dingen', over de kleinste elementaire deeltjes en het immense heelal, én over de onderlinge verbanden.

Deze wetenschappers schuwen ingewikkelde modellen en chaos niet. Zij worden juist geïnspireerd door die complexiteit, die chaos en de diepe structuur ervan. Wiskundigen duiken de chaostheorie in. In die chaos zit een zekere vorm van structuur verborgen, die hen mateloos fascineert. Binnen de natuurwetenschappen gaat het erom dat we leren anders naar de werkelijkheid te kijken; dat we onze verklaringen niet voor lief nemen, maar hetzelfde fenomeen op heel andere manieren bekijken. Dat betekent dat we op het juiste moment van blik veranderen, om de volle breedte van een verandering te onderzoeken. Soms lijkt het een zoektocht naar een antwoord op een schijnbaar nutteloze vraag over hoe de wereld in elkaar zit, maar blijkt gaandeweg dat het antwoord de wereld ingrijpend kan veranderen en dat onderzoek dus de moeite waard maakt.

De bètawetenschappen gaan over visies, verhoudingen en hoe de dingen zich tot elkaar verhouden. Ze bestrijken vele terreinen, de biologie, de ecologie, chemie, en raken tegenwoordig zelfs aan de economie en ons financiële stelsel. In de volgende snapshot gaan we op zoek naar de derde letter uit het Griekse alfabet, de gamma. Deze letter omvat de sociale wetenschappen, de wetenschappen die zich bezighouden met de maatschappij en het menselijk gedrag. Ze bestuderen de manieren waarop wij mensen met elkaar omgaan en communiceren, maar ook hoe we bepaalde afspraken maken, samenwerken en dingen organiseren.

Oktober 2008, op zoek naar een nieuwe balans

'Adapt or perish, now as ever,
is nature's inexorable imperative'
— H.G. Wells

Het was de eerste week van oktober 2008. Ik kwam net terug uit New York, waar de wereld als het ware op zijn kop stond. De grote bank Lehman Brothers, die eigenlijk *too big to fail* zou zijn, was omgevallen. In Amsterdam ging ik naar een bijeenkomst over 'de toekomst van de bank', waar ik een mini-speech van professor Arnold Heertje hoorde. Daarover gaat deze snapshot.

KARTONNEN DOZEN

Banken, de economie en geld, het zijn onderwerpen waarover we onze ideeën de afgelopen jaren nogal hebben moeten bijschaven. De bank, ooit een betrouwbaar instituut, leek te zijn verworden tot een bedrijf dat enorme risico's nam met andermans geld en waar de top zichzelf enorme salarissen toebedeelde, inclusief torenhoge bonussen – ongeacht de prestaties. De bank als instituut was ver boven de gewone dagelijkse realiteit uitgestegen. Als je maar je triple-A-status behield, kon je kaviaar eten, champagne drinken en met de Concorde vliegen, zoals dat eerder in de jaren negentig weleens werd gezegd. Maar die triple-A bleek inderdaad slechts een triple-C waard. Sommigen waarschuwden al dat het vroeg of laat mis zou gaan, of, zoals een bankier eens zei in een spraakmakende interviewreeks van Joris Luyendijk voor *The Guardian* en *NRC Handelsblad*: 'We hadden ons geheim niet moeten delen met anderen, want nu wilden zij dezelfde status hebben.'[19] Het gedrag van de topbankiers leek op het gedrag van de keizers vlak voor de ondergang van het Romeinse Rijk.

We zijn in de jaren na het ontstaan van de crisis op zoek naar een nieuwe balans. Niet alleen in de bank, of in de economie, maar ook in organisatiestructuren of in de politiek. Op alle fronten bekijken we de organisatie van onze maatschappij opnieuw. We zijn ergens uit de bocht gevlogen met die torenhoge salarissen, bonussen en ingewikkelde risico- en kostenstructuren, en rond 2008 liep dit systeem letterlijk tegen haar grenzen aan. Het kon niet verder doorgaan op deze manier.

Toen in september 2008 als eerste Lehman Brothers omviel, een van de grootste banken van de VS, verschenen er foto's in de kranten waarop mensen op straat liepen met in hun handen de gouden letters die van het gebouw waren afgehaald, of mannen in pak die met hun spullen in een kartonnen doos op weg waren naar huis. Het feest was voorbij. Wall Street kreeg vanaf dat moment een andere connotatie. Waar de naam eerder synoniem was voor stress, overspannen handel en macht, kreeg die een imago van schandalen en fraude.

Een heel leger aan slimme economen, wiskundige geniën en risicoanalisten hadden dit scenario niet zien aankomen. In Amerika stortten de huizenprijzen direct in. De vastgoedbubbel barstte, en dit fiasco trok de hele wereld mee in een recessie. Vijf jaar later kunnen we zeggen dat reguleringen en een aanpassing in ons denken over economie hard nodig waren. Volgens schattingen heeft deze crisis wereldwijd tussen de 6 en 14 biljoen dollar

19 www.theguardian.com/commentisfree/joris-luyendijk-banking-blog

gekost; uitgeschreven in cijfers is dat tussen de 6.000.000.000.000 en 14.000.000.000.000 dollar. Volgens sommige analisten is de schade zelfs twee keer zo groot.[20] Zulke bedragen zijn voor een normaal mens niet meer te vatten. Maar ook in Europa en dus ook in Nederland heeft de crisis de staat en dus de bevolking veel geld gekost. Iedereen heeft ermee te maken gekregen.

Bankiers en de zogenaamde ingenieurs van dit systeem, de *quants* die soms op goed geluk torenhoge omzetten en winsten boekten, vielen door de mand. Zij waren ooit de heilige bewakers van ons geld, van onze economie – de financiële hoeksteen van de moderne samenleving. Maar alle informatie die na 2008 over deze sector naar buiten kwam, heeft ons denken over geld en de economie veranderd. Van Occupy Wall Street tot de stille revolutie in de manier waarop vele mensen over geld en de economie zijn gaan nadenken.

DE ECHTE ECONOMIE

De bijeenkomst die ik in oktober 2008 bijwoonde, was een van de eerste bijeenkomsten over de toekomst van de bank in Nederland na het nieuws uit New York. Deze avond werd georganiseerd door BNR en *Het Financieele Dagblad.* Wat opviel bij deze en ook bij latere sessies elders die ik in die periode bijwoonde, was dat men zich intern bij de banken vooral bezighield met de rentestand, ingewikkeld cijferwerk en nieuwe regelgeving die het handelen van bankiers aan banden zou leggen. Niemand hield zich bezig met de grote lijn, met de vraag hoe het zo ver had kunnen komen. Waarom noemde niemand het buitensporige gedrag of de speciale status die de financiële experts hadden gekregen? Niemand zocht naar een werkelijke verklaring van de crisis, wat naar mijn

20 www.cnbc.com/id/101022718

mening veel nuttiger zou zijn. Misschien mocht dat niet gezegd worden. Wat daar gebeurde, was voornamelijk pappen en nathouden.

Gelukkig was er één man die een ander geluid liet horen. Dat was emeritus hoogleraar Arnold Heertje. Volgens hem gaat de economie namelijk niet alleen om cijfers, rentestanden en ingewikkelde berekeningen, de echte economie gaat ook over mensen, de samenleving, dus de maatschappij. Toen ik hem later interviewde, vertelde hij mij dat hij hier altijd al voor stond, maar voor de crisis wilde men niet naar hem luisteren. Hij noemde zijn meer sociale idee over de economie *de échte economie*. In oktober 2008 zei hij letterlijk:

'De kredietcrisis, waar we het nu vooral over hebben, heeft absoluut consequenties voor de toekomst. Aan het financiële kapitalisme (en dat is niet hetzelfde als het industriële kapitalisme!) is nu met een harde klap een einde gekomen. En met de ineenstorting van het financiële kapitalisme komt ook een einde aan de excessen met betrekking tot beloningen en noem maar op. En deze excessen komen ook niet meer zomaar terug. Lokaal en internationaal is men nu bezig met oefeningen, men zoekt oplossingen. (...) Enerzijds oefeningen in coördinatie van de bankwereld, maar ook is het afremmen van materiele groei essentieel. Het consumentenvertrouwen daalt, oké, daarover zitten traditionele financiële analisten in zak en as ... maar omgekeerd betekent dit ook dat men weer meer zal sparen en meer schulden zal aflossen. Over de hele wereld, ja wereldwijd zal er meer gespaard worden en zal er aandacht komen voor wereldvraagstukken in de sfeer van duurzaamheid van energie, het klimaatvraagstuk, waterbeheersing, luchtkwaliteit, leefbaarheid, milieu ... Over twintig jaar realiseren we ons dit pas.

Dit is een fundamentele omwenteling van een puur financiële oriëntatie op bepaalde zaken naar een meer kwalitatieve benadering, kwaliteit van het bestaan, het enigszins teruggaan naar meer kleinschaligheid, meer humaniteit, meer menselijke maat, minder uitsluitend en alleen letten op financieel rendement, maar ook op inhoudelijke zaken, is een voor de hand liggende en te verwachten ontwikkeling. En daar hoort dus ook bij dat spaarbanken weer een functie krijgen en weer zelfstandig worden.'[21]

In het hele debat over de toekomst van de bank werd slechts een paar minuten gesproken over de werkelijke oorzaken en de werkelijke consequenties van de financiële crisis. Een snapshot – niet eens vroeg gespot, maar op het juiste moment. In veel kranten en andere media lezen en zien we deze visie nu pas, en kunnen we zeggen dat nu, ruim vijf jaar later, deze gedachte tot een grotere groep doordringt. Hoe is die tijdgeest van nu als het gaat om de economie? Hoe kijkt men nu naar de crisis en de waarde van geld?

LETTING GO!

Ik maak een sprongetje naar januari 2010. Ik was toen weer in New York, en wat zag ik daar? De mentaliteit en de cultuur op Manhattan veranderde. In opkomende buurten, maar ook in buurten die al *established* waren, kwam een soort *laid back*-stijl op, diezelfde 'je ne sais quoi'-stijl die ik ook beschreef in snapshot 3 en die wij toen in 2010 bij Second Sight als *Letting Go!* bestempelden.[22] In Manhattan – de plek waar je het voorheen niet druk genoeg kon hebben – leek men op zoek te zijn naar een nieuwe

---

21 Zie ook: www.secondsight.nl/future/de-toekomst-van-de-bank.
22 In Juni 2010 kwamen we met themanummer (*Second Sight* #6/2010) Letting Go! Voorbij de beheersillusie.

balans. Meer balans tussen werk en privé, tussen een artistieke bohemien levensstijl en die nieuwe realiteit. Je zag dit terug in de kledingstijl. Het canvas legerjasje, de slordige paardenstaart en de artistieke 'knot' in het haar kwamen terug. Nonchalance kwam weer in de mode: rafels aan kleding, Dr. Martens-schoenen of legerkistjes, allemaal symbolen voor rebellie.

Achteraf was dit nog maar het begin. We zagen de afgelopen jaren alleen maar meer punk en rebellie in het modebeeld, denk maar aan het roze en blauwe haar uit snaphot 6. Ook maakte David Bowie in 2012 een comeback. De geest van de vroege jaren tachtig herleefde, dat zie je ook in de stijl van de al eerder genoemde Lady Gaga en bij Daft Punk, Kanye West en Pharell Williams. Of bij Stromae, die een soort geëngageerde Franstalige muziek maakt. De tijd is blijkbaar rijp voor andere dingen, andere wensen, voor alternatieven. Maar ook voor een mate van betrokkenheid en opstand. Opvallend is dat deze nieuwe rebellie, in tegenstelling tot eerdere uitingen van anarchie, opvallend zacht en zachtaardig is.

NIEUWE KLEREN VAN DE KEIZER

Deze snapshot gaat over de zoektocht naar een nieuwe balans, naar alternatieven. Blijkbaar is hier dringend behoefte aan. Die oude balans, met wetten en regels, werkt blijkbaar niet meer. We zijn met z'n allen uit de bocht gevlogen en zijn weer op zoek naar het rechte pad.

De sociale wetenschappen houden zich bezig met het bestuderen van intermenselijke relaties, van samenlevingen en hoe deze zijn opgebouwd. Het is een onderzoeksterrein dat zich bezighoudt met de vraag waarom mensen de dingen doen die ze doen. Deze wetenschappen vertellen ons meer over het gedrag van mensen. Dat gedrag is tijdsgebonden: elke tijd kent zijn eigen culturele uitingen, zijn eigen media. Waarom kijken we naar soaps? Waarom gaan we naar houseparty's of zoeken we extreme uitdagingen op in de natuur? En waarom is er behoefte aan een televisieformat zoals MarsOne of *Utopia*, zoals we in snaphot 5 hebben gezien?

Het is een feit dat mensen zich in groepen op een bepaalde manier gedragen. Daar heersen codes en afspraken. We kennen allemaal het sprookje van de kleren van de keizer. Dat verhaal werd weer actueel na 2008. Het boek *The Bankers' New Clothes* verscheen, over wat er mis was met het bancaire systeem en wat eraan te doen zou zijn.[23] De ontwerpstudio van Daan Roosegaarde, Studio Roosegaarde, ontwierp het concept Boo, een nieuw pak voor bankiers dat doorzichtig zou kleuren als diegene die het pak aan heeft zou liegen.[24]

Je ziet hiermee dat er behoefte is aan hervormingen, ook voor de financiële wereld. In het sprookje van de nieuwe kleren van de keizer durft niemand als eerste iets te zeggen als de keizer zonder kleren verschijnt. Over dit soort intermenselijk gedrag en gedragscodes hebben sociologen, psychologen, (cultureel) antropologen en andere sociale wetenschappers vele theorieën bedacht en vele boeken geschreven.

In het themanummer *Letting Go!* zagen we een onderling verband tussen die nieuwe opkomende 'je ne sais quoi'-stijl of meer geëngageerde lifestyle en de val van Lehman Brothers. Heertje noemde dit 'een fundamentele omwenteling van een puur financiële oriëntatie op bepaalde zaken naar een meer kwalitatieve

23 Anat Admati en Martin Hellwig (2013). *The Bankers' New Clothes. What's Wrong with Banking and What to Do About It.* Princeton University Press. Zie ook bankersnewclothes.com.

24 www.secondsight.nl/fashion/suit-becomes-transparent-when-a-banker-lies en us2.campaign-archive1.com/?u=155f5d30e b9c6d8ddf8660956&id=21a2a03230&e=608451bb22.

benadering, kwaliteit van het bestaan, het enigszins teruggaan naar meer kleinschaligheid, meer humaniteit, meer menselijke maat, minder uitsluitend en alleen letten op financieel rendement, maar ook op inhoudelijke zaken, is een voor de hand liggende en te verwachten ontwikkeling'. De interesse in imperfectie, chaos en een nieuwe vorm van tegendraadsheid hoorde daarbij en werd alsmaar groter, want waren het niet de perfectionisten die er een troep van hadden gemaakt en mensen een schijnzekerheid hadden voorgehouden? Dit fenomeen van *Letting Go!* werd na 2010 alleen maar groter. Maar had ook diepere wortels, zo bleek.

OUT OF CONTROL

In de zomer van 2011 interviewde ik technologie-expert en oud-hoofdredacteur van het Amerikaanse magazine *Wired*, Kevin Kelly. Ik besloot dat ons gesprek over dat thema moest gaan. *Out of Control*, zo noemde hij het fenomeen eerder in een boek met de ondertitel *The New Biology of Machines, Social Systems, & the Economic World.* Dat boek uit 1994 (!) triggerde mij. Kelly zelf was mateloos geïnteresseerd in nieuwe technologie, (online) netwerken, maar had een al even grote belangstelling voor antropologie, primitieve samenlevingsvormen en de oplossingsgerichtheid van de mens, vertelde hij mij. Hij is opgegroeid in de tijd dat de televisie net in de huiskamers verscheen en doorsnee gezinnen hun eerste auto's kochten. In de tijd daarna zag hij ons leven alleen maar meer doordrongen worden van technologie. Nu is de wereld anders; we leven niet meer binnen de landsgrenzen zoals we die ooit hebben geleerd op school. Online verbindingen hebben de leefwereld van mensen over de hele wereld veranderd. Het land Facebook is stukken groter dan veel echte staten, en we bestellen veel goederen al online uit allerlei landen.

Opvallend aan Kelly is dat hij zelf geen televisie heeft. Hij leeft zonder overbodige technologie, zoals hij zelf zegt. Hij deelde met mij zijn enorme liefde voor kleur en tastbare spullen, voor creativiteit en de natuur. 'Echte technologie', zo noemde hij, 'gaat om vernuft en heeft voor de mens net zo'n waarde als de bijl of een boek. Ook die producten behoren tot het terrein van technologie.' Hij had op dat moment net zijn boek *What Technology Wants* afgerond, in het Nederlands vertaald als *De wil van technologie* (2012). Voor dat boek deed hij onderzoek naar de ware aard van technologie en de relatie tussen technologie en de mens. Hij deed onderzoek in zowel de meest voorlopende kringen van de technologiewereld, als in groepen die de technologie vermeden. Wat is de zin of de wil van technologie? Hij ging langs bij de Amish rond Philadelphia, maar ook bij stammen in Azië die nog niet hadden kennisgemaakt met de computer, om te kijken hoe technologie een rol speelt in ons leven.

Tijdens het interview stelde ik Kelly voornamelijk vragen over zijn boek *Out of Control*, dat hij veel eerder had geschreven, maar waarvan ik de basis wilde begrijpen. Ik wilde ook weten waarom hij dat boek al in 1994 had geschreven; wat was voor hem de aanleiding geweest om toen een boek te schrijven over een nieuwe balans in de economie en ons sociale stelsel? Hij vertelde me dat hij al in 1981 zijn eerste kleine boek over de netwerksamenleving had geschreven: *Network Nation*. Computertechnologie stond toen nog echt in de kinderschoenen, maar de reikwijdte van deze innovatie was voor hem en zijn vrienden, hippies die tot de avant-garde van San Francisco en omstreken behoorden, al wel duidelijk. Langzaamaan ontstond toen de netwerkgedachte in de hoofden en harten van de voorlopers. Steve Jobs was zo'n vier jaar eerder begonnen met Apple, in Silicon Valley kwam het investeringsklimaat op gang. Kelly stelde zich de vraag hoe de wereld eruit zou zien als iedereen met elkaar verbonden zou zijn.

Bedenk dat internet in die tijd alleen toegankelijk was voor het leger en een handvol universiteiten. Het stond toen nog ver af van de gewone mens. Maar mensen zoals Kelly voelden toen al hoe groot en ingrijpend het in de toekomst zou worden. Op een gegeven moment besefte Kelly dat iedereen zich met zijn eigen specifieke terrein bezighield, maar dat er toch een gemeenschappelijke cultuur zichtbaar werd binnen de nieuwe computer- en netwerksystemen die werden ontwikkeld. Het werd hem duidelijk op een interdisciplinaire conferentie in New Mexico over kunstmatige intelligentie. Iedereen zat daar vanuit zijn eigen specifieke discipline – biologen, natuurkundigen, computerexperts, chemici – en zij benaderden het fenomeen 'netwerk' ieder vanuit hun eigen expertise. Het eigen jargon dat deze experts normaal gesproken gebruikten, zou voor de anderen onbegrijpelijk zijn. Ze moesten daarom hun taal zodanig aanpassen, dat ze samen konden filosoferen en communiceren en hun kennis en bevindingen met elkaar konden delen. De taal die op die conferentie werd gebruikt, was een generieke, eenvoudigere taal. Deze gewaarwording gaf Kelly een nieuw inzicht. Binnen de 35 visies op kunstmatig leven en kunstmatige intelligentie was er een gemene deler, een gemeenschappelijke taal die iedereen begreep. Het ging op die conferentie over mieren en levende systemen, over computerwetenschappen en algoritmen, maar uiteindelijk sprak iedereen over hetzelfde. Kelly werd door deze conferentie geïnspireerd tot het schrijven van *Out of Control*, over het belang om alles terug te brengen naar de kern en de controle los te laten. De natuur werkt volgens een uitgedokterd plan en is vele malen slimmer dan wij mensen. Daarom zou een leven waarin we wat controle loslaten ons als mensen vooruit kunnen helpen. Er zouden nieuwe inzichten voor in de plaats komen.

Het werd Kelly duidelijk dat er een nieuwe fase in de geschiedenis zou aanbreken. Een nieuwe fase met nieuwe waarden, normen, regels en codes – en ook met nieuwe voor- en nadelen. De netwerkeconomie is een feit, is zeer dynamisch en daarin zoeken we continu naar een nieuwe balans. Die zoektocht biedt geen eenmalige oplossing, maar is een continu proces. Om ons heen vindt continu verandering plaats, en dat betekent dat we ons steeds moeten aanpassen aan de situatie, zoals dat in de natuur ook gebeurt. Het gaat dan om 'aanpassen' of 'stoppen', zoals de quote van sciencefictionschrijver H.G. Wells *'Adapt or perish, now as ever, is nature's inexorable imperative'* boven aan dit hoofdstuk ook aangeeft.

Elke cultuur kent mensen die zich voor de volle honderd procent bezighouden met de balans of het hervinden daarvan. Denk aan priesters, heelmeesters en sjamanen, of in onze westerse cultuur kunstenaars en psychologen, maar ook sociologen, economen, antropologen, politici, leiders, schrijvers, entertainers of innovatiebureaus.

Het lijkt alsof beschavingen die technologisch minder ontwikkeld zijn meer vanuit gevoel en wijsheid werken; voor hen is intuïtie bijvoorbeeld een noodzaak om te overleven. Hoe technischer en decadenter de samenlevingen, des te moeilijker dat wordt. Dat was zo in het verleden, denk aan sommige decadente pausen, koningen en de Romeinse keizers, en dat is nu nog steeds het geval. Verandering gaat in dit soort complexe, decadente systemen niet zonder kleerscheuren.

Dat brengt me terug bij het sprookje van de kleren van de keizer, en bij de broeken met gaten en rafels die sinds 2010 in de mode zijn, waarover ik in snapshot 3 schreef, maar ook in snapshot 6, waar het ging om identiteit. Als er één schaap over de dam is, volgen er altijd meer. Zo werkt dat in de mode, maar ook in de rest van wereld en zelfs in de natuur. Of het nu om levende cellen gaat, om sterren of om mensen, de natuur past zich altijd aan een nieuwe orde aan. Voorbeelden doen volgen, gedrag is 'besmettelijk'. Kelly en zijn vrienden uit de omgeving rondom San Francisco namen al in de vroege jaren tachtig de natuur en de biologie als voorbeeld.

SOCIALE WEZENS

Ook voor bankiers en politieke leiders geldt dat de wereld verandert, en dat we nog afhankelijker van elkaar worden dan al het geval was na de Tweede Wereldoorlog. Avant-gardes, kunstenaars, ontwikkelaars, wetenschappers en critici spelen een belangrijke rol. Zij zijn soms advocaat van de duivel, openen de ogen en brengen door hun uitingen, zorgen of ideeën weer wat balans in het leven terug.

Naast kunst hebben ook geloofsovertuigingen of verhalen hier een functie. Verhalen hebben een universele kracht: zonder verhalen kunnen we niet leven. Ze werken als de lijm van de samenleving, of het nu om fictieve verhalen gaat of over waargebeurde verhalen. Mensen zijn in principe sociale wezens en hebben van nature de wens om hun verhalen met elkaar te delen.

'We were making the future, and hardly any of us troubled to think what future we were making. And here it is!', ook dat schreef H.G. Wells al in de negentiende eeuw.[25] Een ander voorbeeld is 1870 in Parijs toen de hoge heren daar in de politiek hoorden van de Pruisische nieuwe technologie, ook van hun nieuwe wapens en dat ze van plan waren om Frankrijk aan te vallen. Op het moment dat dit besproken werd, stond het Pruisische leger al voor de poort. Het Parijse leger was niet voorbereid op deze actie. De belegering van Parijs was een feit. Deze was van korte duur, nog geen half jaar, maar de gevolgen zijn enorm geweest. Het uiteindelijke resultaat was een definitieve Franse nederlaag in

25 H.G. Wells in *When the Sleeper Wakes* (1899).

de Frans-Pruisische Oorlog en de totstandkoming van het Duitse Keizerrijk. De geschiedenis die daarop volgt is bekend. Het leidde niet alleen tot de Eerste Wereldoorlog, ook nog tot de Tweede Wereldoorlog.

Het is jammer dat het vak 'toekomststudie' nog geen deel uitmaakt van het onderwijscurriculum. Het zou een soort toegepaste maatschappijleer van vroeger kunnen zijn, een interdisciplinair vak dat inzichten vanuit meerdere achtergronden aan elkaar verbindt. Hoe werkt de samenleving? Hoe sterk zijn dingen onderling met elkaar verbonden en hoe kunnen we nu al nadenken over consequenties van ons handelen nu? Of hoe kunnen we verbanden leggen tussen de wortels, de voortgang en toekomstperspectieven van bepaalde zaken? Oftewel tussen het verleden, het heden en de toekomst?

GAMMA'S

Sociale wetenschappen worden ook wel gammawetenschappen genoemd. Als ik aan gamma's denk, denk ik meteen aan het belangrijke middenmanagement, of de middenklasse uit Aldous Huxleys *Brave New World*. In Huxleys verhaal zijn de gamma's de perfecte begeleiders en bewakers van de sociaal-economische structuur en dus onmisbaar in iedere orde. Zij waken over de organisatiestructuren en de efficiency. Niet bepaald positief neergezet.

'O wonder! How many goodly creatures are there here! How beauteous mankind is! O brave new world, that has such people in it!' Huxley ontleende de titel van zijn boek aan *The Tempest* van William Shakespeare en uitte zijn zorgen over de toenemende rol van technologie, die bepaalde mensen een hogere status gaf, maar ook uitte hij zijn zorgen over het extreme rationalisme. Hij liet een wereld zien waarin geen vrije wil meer bestond voor het individu. In het verhaal worden mensen uit reageerbuizen geboren. De mensen zijn gezond en gelukkig, er bestaat in die heerlijke nieuwe wereld geen oorlog of armoede. In dat opzicht lijken de mensen gelukkig. Toch missen sommigen iets in die schijnbaar perfecte wereld en kijken met weemoed terug naar de tijd waarin liefde, empathie, boeken, andere verhalen nog bestonden – gelukkig is in die heerlijke wereld ook aan hen gedacht en hebben de wereldleiders speciale reservaten aangelegd voor deze mensen, verafgelegen gebieden die zijn behouden in hun oude staat. Daar is meer plek voor menselijkheid, liefde, trouw, zelfs voor een gezin, voor kunst en godsdienst. Eigenlijk alles wat in de Heerlijke Nieuwe Wereld niet kan, kan daar wel.

Slechts enkelen kiezen voor het leven in die reservaten. Daar is weinig bedrijvigheid, geen innovatie en er zijn weinig natuurlijke hulpbronnen. Er wordt niet in geïnvesteerd, zoals we dat nu zouden noemen. Het is de overgebleven plek voor die burgers die zich in de moderne maatschappij niet thuis voelen. Alle andere mensen leven in de Heerlijke Nieuwe Wereld, waar ze zijn gehersenspoeld en daardoor erg gelukkig zijn.

Huxley vertelt een fictief verhaal, maar tegelijkertijd is het een ver doorgevoerd wetenschappelijk en technologisch model of experiment. In een voorwoord bij een latere druk schreef Huxley dat het gaat om een concept waarin wetenschappelijke vooruitgang de mensheid én de vrijheid van het individu beperkt in keuzevrijheid, in plaats van dat deze vooruitgang de mensen verder brengt.

Huxley schreef zijn boek in 1936. De industrialisering was bezig door te dringen tot in de kern van de samenleving, het was de tijd waarin Hitler alle Duitsers een auto beloofde. Vooruitgang, massacultuur, massamedia, wetenschap en techniek – alle middelen werden ingezet om mensen mee te nemen in de vooruitgang en een beter leven voor allen te realiseren. Het communisme, het nationaalsocialisme en ook de New Deal van Roosevelt in Amerika gaven alle hun eigen invulling aan dit ideaal. Het vooruitgangsgeloof was enorm. Met alle uitvindingen die gedaan werden, kon het alleen maar beter worden.

Men leefde in een maatschappij waarin het leven voor mensen welvarender werd, maar waarin ze tegelijkertijd ook afhankelijker werden van machines en processen. Deze ontwikkeling stond toen nog in de kinderschoenen, maar was al goed zichtbaar, zeker voor wie de kranten las en ook nadacht over wat de gevolgen van de technische vooruitgang zouden kunnen zijn. Enkele decennia eerder was de keerzijde van de vooruitgang aan het licht gekomen: ook de mitrailleur kon in massa geproduceerd worden. Ook toen waren er net als nu mensen die hun zorg uitten over nieuwe ontwikkelingen, naast de mensen die er heel enthousiast over waren. Beide zijn belangrijk voor een samenleving.

Het thema van deze snapshot is dus niet zozeer vooruitgang van de wetenschap als zodanig; het gaat om de vooruitgang van de wetenschap voor zover deze individuen raakt, of de samenleving als geheel. Het draait om de vraag hoe nieuwe uitvindingen en nieuwe ideeën in relatie staan tot mensen en hoe mensen zich aan de vooruitgang aanpassen.

Huxley situeerde zijn *brave new world* in de verre toekomst. Het begint in 'het jaar 632 na Ford'. Daarmee wordt naar alle waarschijnlijkheid Henry Ford bedoeld, die in 1913 de lopende band introduceerde voor de massaproductie van zijn auto's. Het fordisme werd een nieuw geloof dat duidt op consumentisme. Het verhaal van *Brave New World* zou zich dus ergens rond 2545 afspelen, veilig ver weg. Het boek was in zekere zin een kritiek op die massaproductie, op het consumentisme, de massacultuur en alle regelgeving die daarbij ontstond. Dit brengt ons terug bij het begin van dit hoofdstuk, over de ver doorgevoerde financiële structuur waarin we terecht zijn gekomen.

EEN NIEUW NORMAAL

Gezonde samenlevingen bieden ruimte voor discussie, voor nieuwe en vreemde verhalen. Wetenschap en technologie zouden ondergeschikt moeten blijven aan de mens en niet mogen overheersen. Ze mogen ons niet beteugelen, maar zouden ons leven moeten verrijken. Ook die discussie leeft nu weer op door de opkomst van nieuwe technologische grootmachten zoals Google en de discussies over privacy. Anders dan in het verleden zijn het niet de natiestaten die oppermachtig zijn, maar de multinationale IT-bedrijven die alles over ons weten en die de informatie doorsluizen naar overheden, zoals bleek uit de PRISM (NSA)-schandalen.

Simpel gezegd zien we nu twee metareacties ontstaan. Veel mensen doen bewust een stapje terug, en kiezen voor een *back-to-basics* levensstijl, zoals we zagen in deel 1. Het 'nieuwe normaal' is voor hen dat er meer ruimte voor menselijkheid is. Ze pakken ideeën uit het verleden weer op, waarin onze directe leefomgeving weer centraal staat. Deze mensen flirten soms zelfs met ideeën die uit de oertijd stammen: rauw eten, leven in de bergen of in hutten of grotten. Zij leveren graag wat luxe en overbodige consumentengoederen in om op zoek te gaan naar een nieuwe, betere balans. Ze leven gezonder, rustiger en met meer respect voor de omgeving. Wonderbread vol chemische toevoegingen volstaat voor hen niet meer. Anderen gaan juist op zoek naar een nieuwe werkelijkheid in die nieuwe technologie, in die nieuwe verbonden wereld op groot niveau, zoals we in deel 2 van dit boek hebben gezien. Voor hen is het al bijna normaal dat we in twee uur een jurk printen, en in de nabije toekomst ons eten. Het 'nieuwe normaal' zal in werkelijkheid bestaan uit elementen van beide levenstijen.

Het is verstandig om op zoek te gaan naar die universele waarheden en wijsheden. Wat kunnen we leren van anderen, van andere volken en uit het verleden? Van verhalen als *Brave New World*? Hoe ziet het leven en het werk van gamma's eruit in een post-*Brave New World*-scenario? Wat kunnen verhalen over de toekomst ons vertellen? Waarschijnlijk moeten we professor Heertje nu al gelijk geven als hij zegt dat deze mondiale crisis niet louter een financiële is. Waar we nu middenin zitten, kan een godsgeschenk zijn, een goede aanleiding om te onderzoeken of er andere vormen van samenleven mogelijk zijn. Andere structuren om de balans tussen mens en omgeving, tussen mens en machine terug te vinden. Jongeren zonder werk zoeken alternatieve samenlevingsstructuren op waarin geld een minder belangrijke rol speelt. Genoeg geld om te leven is voor deze mensen 'genoeg'.

Aan ons als maatschappij, als nieuwe generatie is dus de schone taak gegeven om andere onderwerpen weer op de kaart te zetten en deze aan elkaar te verbinden. Zoals wiskunde, biologie, chemie en natuurkunde ons in de vorige snapshot hielpen om de informatietechnologie en haar structuur te begrijpen, is het ook goed om naar menselijke en intermenselijke realiteit te kijken, of naar de relatie tussen mensen en spullen. Draait onze economie alleen om efficiency en winststijging, of ook om een gezonde manier van samenleven en samenwerken?

Sinds 2009, 2010 zien we geleidelijk aan een verzet ontstaan tegen de situatie van voor 2008, 2009. We hebben nog steeds geen afscheid genomen van de heersende denkbeelden in de economie. Occupy Wall Street werd in 2011 een algemene Occupy-beweging. IJsland, Griekenland en ook steden als Detroit zijn failliet of bijna failliet gegaan. Wereldwijd zien we onrusten en opstanden in steden, van Londen tot Madrid, van Istanbul tot São Paulo en Bangkok en in vele andere steden. Wat opvalt, is dat deze opstanden niet per se gewelddadig zijn. In plaats van bommen worden literatuur en poëzie gebruikt.

Wikipedia zegt over de gammawetenschappen: 'De gammawetenschappen hebben zich methodologisch sterk gemodelleerd
op de natuurwetenschap, terwijl hun onderzoeksobject groten-
deels samenvalt met de inhoud van de geesteswetenschappen.'[26]
Dat brengt me bij de laatste snapshot van dit boek, dat onder
andere over theater, literatuur en poëzie gaat. Over de waarde
van geesteswetenschappen en culturele studies. Over de waarde
van verhalen en volksvermaak. Goede verhalen en kennis over
de cultuur kunnen culturen en beschavingen in balans brengen
door voorbeelden te geven. De laatste groep wetenschappers, die
vreemd genoeg alfa's genoemd worden, kunnen nieuwe inzichten in een context plaatsen. Zij zijn in staat om verhalen te maken
en daarmee een gezicht, maar ook handen en voeten aan nieuwe
gebeurtenissen te geven. Taal helpt daarbij. Ook het verleden
helpt daarbij, want daar kunnen we ons iets bij voorstellen. Dat is
gebeurd en staat voor velen vast. Het verleden leeft!

26 http://nl.wikipedia.org/wiki/Gammawetenschappen

Oktober 2011, geschiedenis leeft

'On résiste à l'invasion des armées;
on ne résiste pas à l'invasion des idées'
— Victor Hugo

D eze snapshot maakte ik toen ik in oktober 2011 Herman
Wijffels interviewde voor het boek *Second Sight 2012 and
Beyond* over '*deep crisis and bright spots*'. Wijffels haalde
in het gesprek dat ik met hem had allemaal historische feiten en
literatuur aan die mij als historicus bekend in mijn oren klonken.
Ik merkte op dat dat interessant was, en op zijn beurt wees hij op
het belang van de studie geschiedenis. Juist nu, in een tijd waarin
we voor nieuwe onzekerheden, maar ook voor nieuwe uitdagingen staan. De wereld en onze beleving van het heden, verleden en
de toekomst zijn compleet aan het veranderen. Dingen die goed
werkten, werken ineens niet meer en onze ideeën over productie en consumptie die we meenamen uit de industriële tijd – die
zeker successen opgeleverd heeft –, zijn we langzaamaan aan het
herzien. We staan open voor nieuwe invloeden en kijken wat we
kunnen leren uit andere delen van de wereld, van andere volkeren, maar ook van het verleden.

Het gaat hier niet zozeer om de idee dat de geschiedenis zich
elke keer herhaalt, maar dat geschiedenis als vak dat inzicht biedt,
waarvan we kunnen leren dat sommige zaken of opvattingen compleet kunnen veranderen. Het leert ons meer over onze wortels en
geeft inzicht in het handelen van de mens en van de natuur. De
geschiedenis is een enorme databank vol met waardevolle verha-

len die je elke keer weer in hun eigen unieke context zou moeten beoordelen en bezien. Dat maakt het vak ook zo boeiend.

VERNIEUWING ALS NOODZAAK

Waar staan we nu? Of voor welke volgende uitdaging staan we? Wijffels verwoordde dat mooi: 'De methoden waarmee we in de industriële tijd hebben gewerkt, hebben hun successen opgeleverd. De welvaart is verveelvoudigd, de wereldbevolking is gestegen van één naar zeven miljard en de ontwikkeling in opleidingen en kennis heeft geleid tot een hoge mate van emancipatie, we hebben een hoger bewustzijn van de individualiteit dan ooit tevoren. (...) Deze drie nieuwe feiten, in hun samenhang, leiden nu heel duidelijk tot de noodzaak om ons op een andere manier te organiseren. Met zo veel mensen op deze wereld en met zo veel productie en consumptie – want dat is waar de welvaart zich in vertaalt – en met zo veel mensen die nu in staat zijn om zelf creatief dingen te doen, moeten we ons op andere manieren organiseren dan in de industriële tijd. Dat leidt enerzijds tot crisis, omdat die oude systemen niet meer goed werken, en aan de andere kant moeten er nieuwe principes worden toegepast.' Vernieuwing is dus geen luxe, maar noodzaak. Wijffels wees op het werk van evolutionair bioloog Jared Diamond, die op zijn beurt ook te rade gaat bij de geschiedenis en de antropologie om de neergang van diverse beschavingen te ontleden. Volgens Diamond moeten we nu anders naar onze wereld en onze systemen kijken, willen we niet voor grotere rampen en problemen komen te staan. Hij wees op het feit dat mensen in de geschiedenis eerder voor dit soort uitdagingen hadden gestaan. Voor mij was dit het moment dat ik me er bewust van was dat een studie geschiedenis heel dicht bij toekomstonderzoek staat.

Diamond kwam met rake punten in zijn populaire boek *Collapse* (*Ondergang*, 2005). Hij schreef bijvoorbeeld dat klimatologische omstandigheden of natuurverschijnselen in de geschiedenis tot grotere ontwrichting hebben geleid dan oorlogen. Met andere woorden, beschavingen zijn vaker ten onder gegaan door een slechte omgang met het (leef)milieu, door een verslechterd klimaat of door minder gunstige betrekkingen met buurvolkeren en handelspartners. Er zijn voorbeelden van samenlevingen die in rap tempo verdwenen door toedoen van klimaat, rampen en epidemieën. Ook nu sterven diersoorten snel uit, gaat de ontbossing gewoon door, raken belangrijke grondstoffen op en leiden internationale samenwerkingen en klimaattoppen bijna nergens toe. Waar gaat onze wereld naartoe? Voelt iemand zich verantwoordelijk? Dat is de grote vraag die Diamond stelt.

Het kan zelfs zijn dat we onze voorsprong ten opzichte van andere delen in de wereld of onze ver doorgevoerde vooruitgang op een dag kwijtraken en daarmee teruggaan naar af, naar een primitieve staat van samenleven. Het is een scenario waarin overleven en de basisbehoeften van het leven weer belangrijker worden. Dit scenario betekent ook dat we delen van onze zo ver doorontwikkelde beschaving kwijtraken. Het zou niet de eerste keer in de geschiedenis zijn dat dit gebeurt, dat cultureel hoogontwikkelde samenlevingen een paar grote stappen terug moeten doen. Zo zijn in de middeleeuwen bepaalde vormen van kennis en technieken van de periode daarvoor weer verdwenen. Dit gebeurt waarschijnlijk ook nu om ons heen. We verleren soms technieken, kennis en kunde. Niet voor niets beleeft het ambacht een revival.

STORYTELLING

De afgelopen jaren zien we meerdere boeken verschijnen over de neergang van cultuur of het falen van naties – het is een thema van onze tijd. Eerder noemde ik al de eerdere sciencefictionverhalen van Isaac Asimov, maar ook algemene historische werken zoals *Why Nations Fail* van Daron Acemoğlu en James Robinson. Zij kwamen tot de conclusie dat instituten aan de basis staan van wereldwijde ongelijkheid: is een samenleving eenmaal op een bepaalde manier georganiseerd, dan zit dat zo diepgeworteld in de cultuur dat het bijna onmogelijk is om dat te veranderen. Daarom is het ook gemakkelijker om een nieuw bedrijf op te zetten dan een oud bedrijf nieuw leven in te blazen of te reorganiseren. 'We doen het toch goed?' is een opmerking die ik veel hoorde tijdens reorganisaties. En volgens de oude normen en maatstaven deden deze mensen het inderdaad goed, precies zoals ze hadden geleerd. Maar er komen nieuwe normen, waarden of nieuwe inzichten voor in de plaats, en dat maakt de situatie anders. In het begin van deze eeuw zag je het bij uitgeverijen of in de muziekbusiness, na 2008 bij financiële instellingen.

Mark Twain schreef ooit: 'The radical of one century is the conservative of the next. The radical invents the views. When he has worn them out, the conservative adopt.' Er zit een patroon in vernieuwing, in verandering, in innovatie en in hoe vernieuwing onze maatschappij binnensijpelt. Dat is het geval bij opkomende tendensen, maar ook bij beschavingen die ten onder gaan. De innovatiecurve leert ook dat een nieuw idee eerst bij een enkeling opkomt, daarna postvat bij een kleine groep en zich zo verspreidt over een steeds grotere groep. Innovatie kent een patroon, een curve. Zo'n curve kan een periode van een paar jaar beslaan, maar ook een veel langere tijd, soms meerdere generaties.

Er zijn zo veel verhalen in de geschiedenis en de literatuur die ons leren over gedragspatronen. Zoals ik al vaker in dit boek aangaf, is de mens gemaakt voor verhalen. Deze zitten diepgeworteld in ons DNA. Verhalen geven een verklaring voor fenomenen, maar bieden ook een context waarbinnen dingen gebeuren of veranderen. Ze gaan over mensen, over relaties tussen mensen, over relaties van mensen met dingen en over de structuur van een samenleving. Verhalen hebben een verbindende functie en verklaren waarom bepaalde dingen gaan zoals ze gaan. Veel verhalen gaan over het verleden, maar ze kunnen ook een inzicht bieden in een mogelijke toekomst. Dit geeft richting, houvast en vertrouwen. Dankzij verhalen zien we dat situaties niet uniek zijn en weten we in wat voor samenleving we wel of niet kunnen leven. Dat is de waarde van storytelling, dat onderdeel is van zowel de studie geschiedenis als het toekomstonderzoek. Er schijnt geen samenleving te zijn die geen verhalen kent en waar verhalen niet een dergelijke functie hebben. Het is een universeel gegeven dat wij als mensen hier behoefte aan hebben. Verhalen van Amerikaanse indianen bevatten dezelfde elementen als verhalen van de Aboriginals in Australië of stammen in Afrika. Verhalen verklaren en verbinden; aan beide heeft de mens behoefte.

In zijn meest recente boek, *The World until Yesterday: What Can We Learn from Traditional Societies?* (in het Nederlands vertaald als *De wereld tot gisteren,* 2012), onderzoekt Diamond wat mensen uit de westerse wereld kunnen leren van traditionele samenlevingen, zoals verschillende manieren van conflictbeheersing, maar ook hoe om te gaan met ouderen, over kinderzorg, meertaligheid en zelfs over minder zout eten. Het boek zit vol ideeën, inspiratie en oplossingen voor de westerse wereld. Ook andere boeken over bijna vergane culturen halen regelmatig de top 10 van non-fictieboeken. Het fotoboek *Before They Pass Away,* over 35 stammen die langzaamaan verdwijnen, werd een ware hype en leidde ertoe dat mensen echt hun levensstijl veranderden. Dit prachtige boek van de Engelse fotograaf Jimmy Nelson vloog in de zomer van 2013 wereldwijd de boekwinkels uit.

ONTWIKKELEN

We staan blijkbaar voor een spannend punt in de tijd, waar sommigen hard vooruit willen en anderen de tijd willen stilzetten en zich bewust worden van dingen en handelingen die verloren gaan. Zij duiken de cultuur in. 'In potentie is alles wat er bestaat al aanwezig. Kennis, inzichten, producten. In dit voortgaand proces van mogelijkheden moeten we alles uit de wikkels halen en in de realiteit brengen', vertelde Herman Wijffels mij in het interview. Opengaan of 'ontwikkelen', zoals Wijffels dat noemde, 'dat is de wikkels ervan af halen'. Of noem het ontrafelen. Het is nu de uitdaging om van alles wat er is een zodanige structuur te maken dat we op de lange termijn, samen en duurzaam de toekomst in kunnen gaan. De elementen zijn allemaal aanwezig, maar hoe stellen we ze samen tot een mooie structuur en hoe gaan we dit samen voor elkaar brengen?

'Een van de overweldigende elementen van noodzaak die in deze tijd speelt, is dat we ons zo moeten organiseren dat we samen de verantwoordelijkheid nemen om niet alleen te gaan voor meer kwaliteit van leven, maar vooral ook voor de continuïteit van het leven' – dat was de basis van de boodschap van Wijffels. Het ging allemaal om nieuwe inzichten, nieuwe verbanden, nieuwe manieren van organisatie waarin de focus niet meer zou liggen op winst en groei in de financiële betekenis van het woord, maar eerder op hoe we dingen zo lang mogelijk kunnen laten duren. De regels van het spel veranderen daarmee. Uiteindelijk zie je dit terug in de ecologie en het duurzaamheidsprincipe. De focus verschuift naar een doelstelling voor de langere termijn, en ook naar een mate van tijdloosheid. Instant geluk, de kick, maakt plaats voor nut, meer zorg en meer balans in de natuur. Het gaat om een nieuw wereldbeeld.

Wat heeft dat nu allemaal met geschiedenis te maken? Enerzijds graaf je in dat verleden, in alles wat er al is, om het een tweede leven te geven, opnieuw uit te vinden, om een nieuw wereldbeeld te krijgen. Dingen die er waren, bekijk je op een andere manier. Daarvoor heb je inzicht in de tijdgeest nodig. In de tijd waarin wij leven, maar ook in andere tijden – hoe deden ze bepaalde zaken toen? Ook heb je creativiteit en inspiratie nodig om tot nieuwe vormen, ideeën, concepten en organisaties te komen. Daar gaan we nu naar op zoek. We oefenen en we ontwikkelen.

Hier is het interessant om te kijken hoe wereldbeelden vroeger veranderden. Dat gebeurde meestal geruisloos, soms met horten en stoten. Revoluties deden er jaren, soms decennia over om de tijdgeest te veranderen. Boeiende omslagpunten in de geschiedenis – de breukvlakken waarover ik het in de inleiding al had – zijn bijvoorbeeld die van de middeleeuwen naar de renaissance, de Franse Revolutie en de Industriële Revolutie. Hoe veranderde een wereldbeeld, een opvatting of idee toen? Hoe veranderden opvattingen over politiek, over economie of over cultuur en hoe sijpelden die langzaamaan de wereld, de stad of de gemeenschap in? Elke cultuur kent zijn plek of mensen die zich met verandering bezighouden. Denk aan de sjamaan, die uitleg gaf over verandering, of de kerk of een ander instituut of sociëteit waar mensen samenkwamen om te praten over de veranderingen in de wereld waarin zij leefden. Wij kennen in onze wereld de psycholoog, en ook de kerk vervult nog steeds een vergelijkbare functie, al hebben psychologen het door de ontkerkelijking alsmaar drukker gekregen. En we kennen verhalen, van literatuur tot soapseries en films, die mensen helpen om inzicht te krijgen in bepaalde fenomenen.

Dit laatste is het terrein van alfawetenschappers, van de geesteswetenschappen, de *humanities*. Denk bijvoorbeeld aan Shakespeare. Na het bezoeken van een opvoering van een van zijn stukken heb je er alleen maar nieuwe vragen bij. Shakespeare geeft geen antwoord, hij maakt het ingewikkelder. In verhalen draait het om verschillende visies, om inzichten en nuances, details, de context of het *umfeld*. Die leren ons veel over een tijd met zijn unieke waarden en kenmerken. Als je in verhalen denkt, denk je niet rechtlijnig. In verhalen is 1 + 1 niet per definitie 2. Meerdere waarheden komen langs en dingen worden vanuit verschillende standpunten bekeken. Schrijvers houden in zekere zin van de complexe situaties en van de spiegels die de wereld ons voorhoudt, om het leven ook vanuit een ander standpunt of perspectief te bezien.

Meer verhalen maken het niet gemakkelijker. Met al die nieuwe visies breekt de wereld langzaam open, maar om meer en nieuwe verhalen te kennen en begrijpen, zou je ook alfawetenschappers moeten betrekken in het innovatieproces of vernieuwingsproces. Vernieuwen en innoveren is een maatschappijbreed gebeuren, waarbij alfa's, bèta's en gamma's alle drie hun inbreng hebben. Al deze disciplines dragen hun steentje bij aan het verbeelden en vormgeven van de processen in onze samenleving. Verbeelding geeft ingewikkelde zaken een gezicht, handen en voeten.

FICTIE

Want hoe ziet die nieuwe wereld eruit? En hoe zullen we die wereld de komende jaren vormgeven? Kunnen we ons daar een voorstelling bij maken met de signalen die nu zichtbaar zijn? We hebben voorbeelden nodig, grote en kleine tastbare verhalen die niet alleen richting aangeven, maar ook een emotionele beleving van die vernieuwing of verandering geven.

Verhalen worden belangrijker naarmate een samenleving het moeilijker krijgt. In vroeger tijden werd de groep bijeengeroepen als er een lastige keuze moest worden gemaakt. De sjamaan verzamelde het volk rondom het haardvuur om gezamenlijk verhalen over dat dilemma te delen. Uit dat gezamenlijke verhaal ontstond vaak een nieuw verhaal, dat een oplossing of een leidraad kon zijn. Mensen houden in principe niet van verandering, maar ze hebben wel behoefte aan verhalen. Verhalen verbinden; alleen kunnen we het niet. Daardoor zijn verhalen goede begeleiders van verandering. Ze geven ons de mogelijkheid om denkbeeldige toekomsten en ideeën een plek te geven. Soms inspireren ze, soms stoten ze juist af, maar in beide gevallen brengen ze ons in beweging. Pas als we ons scenario's kunnen inbeelden, kunnen we aan een wenselijke toekomst gaan werken. Tegenwoordig kunnen we de verhalen en ideeën zelfs via *augmented reality* virtueel laten opduiken, zodat we er een voorstelling van kunnen maken. Zo kunnen we kijken of die toekomst wenselijk is en kunnen we van tevoren leren over die situatie.

Er is veel meer fictie dan we denken. Zelfs strategie is fictie. Een nuttige fictie, dat wel, waarbij een idee of punt op de horizon wordt geplaatst waar we naartoe willen gaan – of we het doel nu bereiken of niet. Dat is niet het punt. Hier gaat het om wat mogelijk is, wat voor de hand liggend is, of wenselijk is. Zo zie je dat fictie ons helpt om een visie op de toekomst te ontwikkelen. Je werkt dan met de toekomst, het gaat niet om die ene toekomst. Met verhalen kun je die nieuwe werkelijkheid introduceren en minder eng maken, of juist enorm overdrijven zodat we nu al kunnen nadenken over bepaalde gevolgen ervan. Of je daar nu verhalen uit het verleden of sciencefictionverhalen voor gebruikt, de essentie en boodschap van beide verhalen zijn hetzelfde, zoals James Cameron al aangaf in snapshot 6. Zijn film *Avatar* gaat over mensen, over hun gedrag en minder om een bepaald concept van de toekomst.

De een wordt meer aangesproken door de toekomst, de ander door het verleden, sommigen door beide. Ze bedoelen hetzelfde:

wat vinden we 'nu' belangrijk? Verhalen helpen mensen, generaties, soms hele samenlevingen om het wereldbeeld vorm te geven, maar ook om dit onder woorden te brengen; om de juiste woorden de juiste betekenissen te geven. Verandering en vernieuwing horen bij elke tijd en gaan niet zonder woorden, beelden of discussies. Er zijn altijd mensen nodig die verhalen daaromheen kunnen maken, die de tijdgeest in woorden kunnen gieten. Zij verwoorden, benoemen en geven betekenis, dus 'zin'.

DE RENAISSANCE

Zelf gebruik ik graag verhalen om de tijd waarin wij leven te duiden. Verhalen van mensen die nu leven, over gebeurtenissen die zij hebben meegemaakt of over ervaringen, dromen of ideeën, soms realistisch, soms niet. Al deze verhalen vertellen ons over onze tijd en de ideeën van de mensen die nu leven. Die ontstaan omdat de mensen nu leven en het nieuws en ontwikkelingen oppikken, bewust of onbewust. Toen ik geschiedenis studeerde, gebruikte ik verhalen van mensen in het verleden om de tijd waarin zij leefden te begrijpen. Je waant je in een andere wereld. Je leeft je in die mensen in en probeert hun motivaties te begrijpen en te duiden. In trendonderzoek doe je eigenlijk precies hetzelfde, maar daarbij deel je verhalen van 'nu' en ga je op zoek naar nieuwe dromen en wensen, naar nieuwe idealen en verhalen voor de toekomst.

Wereldbeelden veranderen. Dat is in het verleden vaker gebeurd. Nieuwe wereldbeelden zorgen voor nieuwe ideeën en vernieuwing. Als bepaalde ideeën sleets zijn geworden of om welke reden dan ook niet meer voldoen, zullen andere ideeën en andere visies ontstaan. Dit is een proces dat enige tijd in beslag neemt, denk aan het voorbeeld dat ik eerder noemde: van de middeleeuwen naar de renaissance. Dat was een grote verandering waarin het ene wereldbeeld plaatsmaakte voor het andere. In werkelijkheid ging dit natuurlijk stapsgewijs. Renaissance betekent letterlijk 'wedergeboorte'. Zo ging de heersende cultuur in de middeleeuwen van het principe *ora et labora* uit: 'bid en werk'. Dat betekende hard werken voor een beter leven in het hiernamaals. Deze gedachte veranderde in de renaissance in *carpe diem*: pluk de dag, oftewel vergeet niet te leven. Opeens was het de uitdaging om zo veel mogelijk uit het leven op aarde te halen. Daarbij hoorde een herleving van de schone kunsten, van architectuur, muziek, filosofie en wetenschappen. Mensen werden nieuwsgierig en gingen zich interesseren voor nieuwe dingen. Nieuwe vragen werden gesteld en mensen kregen interesse in de verhalen van anderen. Ze stonden open voor andere culturen. Elke uitvinding veranderde de samenleving. Dat ging beetje bij beetje. Daarmee veranderde de mentaliteit van de mensen en dus ook de beleving van het dagelijks leven. Van drukpers en papier tot het kompas, de microscoop, het buskruit en de anatomie, er was ruimte voor vernieuwing en vooruitgang.

Desiderius Erasmus, de Rotterdamse priester, theoloog, filosoof en bekend als Nederlands eerste echte humanist, maakte in 1506-1509 een reis door Italië, toen het middelpunt van de cultuur. Hij kwam daar op andere ideeën en gedachten. Hij leerde over de Grieken en de Romeinen. Ook reisde hij naar Engeland waar hij Thomas More ontmoette. Na alles wat hij in het buitenland zag, kon hij het niet laten de mensen een spiegel voor te houden, en verwoordde zijn kritiek in 1509 in de *Lof der Zotheid*. Hij behoorde toen tot de Europese avant-garde. Thomas More schreef iets later zijn *Utopia*, en weer daarna kwam Luther met zijn blauwdruk voor de reformatie. Al deze verhalen hebben met de tijdgeest en verandering van inzicht te maken. Mensen van toen stelden zich open voor de wereld.

JOHAN HUIZINGA

In de tijd van Erasmus waren mensen op zoek naar menselijkere geloven. Naar die meer humane manier van samenleven. De herontdekking van de ideeën van de oude Grieken en Romeinen openden hun ogen en leverde inspiratie voor nieuwe ideeën op. In de middeleeuwen was de kerk zich steeds oppermachtiger gaan gedragen. De kerkelijk leiders die ook de politiek bepaalden waren toen als het ware uit die bocht gevlogen. De Nederlandse historicus Johan Huizinga heeft het proces van verandering een eeuw geleden mooi omschreven. Je ziet dat als er dingen veranderen, als er nieuwe wereldbeelden opkomen, dat mensen, en zeker historici terugkijken naar andere periodes van verandering, van hectiek en breukvlakken. Naar reformaties, revoluties en opstanden. Iedere tijd kent zijn eigen veranderingen. Zoals Huizinga schreef: 'Wij leven in een bezeten wereld. En wij weten het. Het zou voor niemand onverwacht komen, als de waanzin eensklaps uitbrak in een razernij, waaruit deze arme Europese mensheid achterbleef in verstomping en verdwazing, de motoren nog draaiende en de vlaggen nog wapperende, maar de geest geweken.'[27] Of het nou gaat over Erasmus' renaissance of dat we het over de vroege twintigste eeuw hebben, deze tekst had ook bij deze tijd kunnen passen – ideeën en cultuurkritiek horen bij elke tijd. Er zijn cultuurcritici die er vandaag de dag net zo over denken, en dit laat zien dat tijdgenoten helemaal niet blind zijn voor de ontwikkeling die in de wereld plaatsvindt. Zij zijn zelfs goed in staat om hun kritiek of idee te delen en een vinger aan de pols te houden en zo nodig kritische vragen te stellen die uiteindelijk tot verande-

27 Johan Huizinga (1919). *Herfsttij der Middeleeuwen. Studie over levens- en gedachtenvormen der veertiende en vijftiende eeuw in Frankrijk en de Nederlanden.* Haarlem: Tjeenk Willink.

ring kunnen leiden. Oplettende en kritische tijdgenoten hebben een waarde voor de maatschappij. Er zijn altijd eerst woorden en zinnen, discussies en discoursen nodig voordat we naar een nieuw wereldbeeld of idee kunnen overstappen. We zullen de woorden voor de nieuwe tijd moeten hervinden, soms een nieuwe taal, soms opnieuw betekenis aan dingen of ontwikkelingen moeten geven. Hier is tijd voor nodig, en soms duurt het zelfs erg lang.

In het begin van iets 'nieuws' is het gehoor vaak nog maar klein, maar het groeit gestaag. Elke cultuur kent zijn eigen methode en taal om die verandering te duiden. Huizinga was een meester in het neerzetten van een tijdsbeeld met gevoel, was maatschappijkritisch en kon met de gepaste afstand zijn tijd omschrijven alsof hij van een afstand toekeek. Hij deed altijd weer een stapje terug, waar nodig. Hij verbond feilloos het verleden met het 'nu' en schreef zelfs over opkomende modes, zoals blijkt uit deze tekst, van voor het uitbreken van de Tweede Wereldoorlog: 'Het komende geleerde modewoord voor beschaafde kringen zal ongetwijfeld "existentieel" zijn. Ik zie het overal reeds opschieten. Het zal spoedig bij het grote publiek belanden. Wanneer men, om zijn lezer te overtuigen, dat men de dingen beter snapt dan zijn buurman, lang genoeg "dynamisch" heeft gezegd, zal het "existentieel" zijn. Het woord zal dienen om den geest te plechtiger te verzaken, een belijdenis van maling aan al wat weten en waarheid is.'[28] Huizinga schrijft hier over de stroming van het existentialisme, die na de oorlog tot bloei zou komen. Huizinga voelde feilloos aan wat in de mode was en waar men behoefte aan had. Hij ging op zoek naar de verklaring, de duiding.

Huizinga wordt in historische kringen de grondlegger van de Nederlandse cultuur- en mentaliteitsgeschiedenis genoemd.

---

28 Johan Huizinga (1935). *In de schaduwen van morgen. Een diagnose van het geestelijk lijden van onzen tijd.* Haarlem: Tjeenk Willink.

Omdat hij het vak ruimer trok, werd hij naast historicus ook cultuurfilosoof en antropoloog genoemd. In de traditie van Huizinga is er ruimte voor studie van de tijdgeest, ook in de samenleving waarvan we zelf deelgenoot zijn. In welke wereld leven wij en welke 'kritische blik' delen wij met ons publiek?

Huizinga was zijn tijd vooruit. Hij durfde in die tijd nieuwe en andere bronnen te gebruiken om het wereldbeeld te beschrijven. Hij schuwde crossdisciplinaire uitstapjes niet. Hij beoefende zijn vak op een voor zijn tijd onorthodoxe manier, door zo veel mogelijk zintuiglijke waarnemingen aan zijn werk toe te voegen. Hij maakte zijn teksten daarmee tastbaar en interessant voor een groter publiek. Hij liet met zijn werken de middeleeuwen en de renaissance aan de lezers zien, horen, voelen en zelfs bijna ruiken. Zo was volgens hem het kleurgebruik in de late middeleeuwen somberder, doffer dan die van de vroege middeleeuwen. In de renaissance werd veel fel karmijn, purper en goud gebruikt. Die kleuren vertellen veel over de cultuur. De zestiende eeuw klonk als een trompet, de zeventiende eeuw moest als een orgel klinken en de achttiende was er een van violen en fluiten. Volgens Huizinga moest je de wereld verbeelden, tastbaar maken, zodat de lezer zich kon inleven en een voorstelling van die tijd kon maken. Naar zijn mening zou zonder dat gevoel, die levendige beschrijving, de geschiedenis gortdroog en onleesbaar worden en dus voor een zeer klein publiek toegankelijk. Geschiedenis moet juist tot leven komen, door haar levendig te verwoorden.

Huizinga beschreef ook de tijd waarin hij zelf leefde. Niet iedere historicus vindt dat je je kunt bezighouden met de studie van de tijd waarin je zelf leeft of van de toekomst. Maatschappij-critici, journalisten en schrijvers, zij zijn het die zich bezighouden met onthullingen, ontrafelingen en de zoektocht naar nieuwe waarheden. Sommigen zijn geëngageerd, anderen niet. Traditionele historici vinden dat je objectief moet blijven. Ook andere disciplines kennen deze discussie. Zoek je de grenzen op, ga je eroverheen of blijf je je binnen de vaste kaders van je discipline bewegen? Deze discussie is van alle tijden. Ook Multatuli wordt weleens een trendwatcher van zijn tijd genoemd. Hij zag dat er nieuwe ideeën en wensen opkwamen en durfde deze al vroeg met het publiek te delen. In het buitenland zijn dergelijke voorbeelden van schrijvers, cultuurcritici en cultuuronderzoekers die hun discipline overstegen en discourses openden. Ik noem bijvoorbeeld grote schrijvers als Jules Verne, Émile Zola, Oscar Wilde of Franz Kafka. Ook onze tijd kent deze schrijvers, denk bijvoorbeeld aan Dave Eggers en Jonathan Franzen of sciencefictionschrijvers als Neal Stephenson en Cory Doctorow.

CREATIEVEN EN CRITICI

De geschiedenis verklaart enerzijds hoe onze samenleving in elkaar zit, hoe deze tot stand is gekomen, wat de historische wortels van bepaalde zaken zijn. Zo kunnen we zien waarom bepaalde zaken sleets geworden zijn. Anderzijds helpt het om vanuit die basis naar de toekomst te kijken en een visie te formuleren door je inlevingsvermogen op eenzelfde manier te laten werken op die toekomst als op het verleden, zoals ook omschreven in de snapshot over *Avatar*.

Ideeën- en cultuurgeschiedenis, maar ook andere geesteswetenschappen en kunsten zijn waardevol om in te zetten bij het ontwikkelen en onderbouwen van een visie. Ze geven handvatten en ze zijn nodig om begrippen een nieuwe lading te geven, om paradigma's opnieuw in te vullen, zoals cultuurwetenschappers dat zo mooi noemen. Ik ben bijvoorbeeld groot fan van Laser 3.14, een anonieme Amsterdamse straatkunstenaar, dichter en cultuurcriticus die met een spuitbus gedichten en slogans spuit op hardboard dat op gebouwen is getimmerd. Het zijn originele gedachten die dicht bij de mens staan en die gaan over vandaag en morgen. Het zijn oneliners om over na te denken, die in één oogopslag de ogen openen van mensen die daarvoor openstaan. Soms zijn het gewetenskwesties. 'Catch a dream and nurture it.' 'Do we fast forward or rewind back?' 'The future is already haunting us.' 'This fool is not a machine.' En 'Dive into the Nebula.' Dit zijn slechts enkele van de vele graffitizinnen die Laser 3.14 de afgelopen jaren op straat deelde.

Kunnen we iets leren van dichters, van filosofen, van kunstenaars, of van de Bijbel? Zeggen hun verhalen niet veel meer over de basisgedachte van ons mens-zijn, over een wenselijke droom, dan interviews op televisie? Gaan deze niet over universele wijsheden die in iedere tijd een andere connotatie hebben? Buiten de grote mediamachine zijn er andere plekken waar mensen in het heden en het verleden hun gedachten, ambities en wensen of kritische kanttekeningen hebben geëtaleerd en gedeeld. Dat brengt ons terug naar de essentie van dit boek: het ontrafelen van de tijdgeest. We ontdoen ideeën en snapshots van hun lagen en context om op zoek te gaan naar het idee, de visie, de droom, de wens of de ontwikkeling die eraan ten grondslag ligt en die te delen.

Wat ik hiermee wil zeggen, is dat we veel meer waardevolle bronnen kunnen gebruiken dan innovatiemanagers van bedrijven nu doen. Natuurlijk wil ik hiermee disciplines als marktonderzoek, data-analyse en ander al dan niet wetenschappelijk onderzoek over consumentengedrag niet als waardeloos wegzetten. Ik geloof alleen dat er een dimensie wordt genegeerd, en dat is precies wat schrijvers, creatieven en onderzoekers van de tijdgeest kunnen brengen. Op zoek naar die andere signalen, naar op het eerste gezicht niet ter zake doende snapshots, die bij nader inzicht zo veel kunnen vertellen over de tijd waarin we leven.

Een winkel, een kledingstijl, een serie op televisie, een sciencefictionroman, zelfs een tekenfilm, een stripverhaal of *street art* vertelt ons zo veel en zo direct iets over de dromen, wensen, ideeën en idealen van onze tijdgenoten. Creatieven en critici kunnen juist in hun concepten, in hun ideeën, in hun boeken of kunstwerken hun zorgen en wensen over de maatschappij uiten. Shakespeare was een meester in het blootleggen van onderhuidse problematiek, van de tendensen van zijn tijd en de zorgen van zijn tijdgenoten. Multatuli deed dat, George Orwell, Aldous Huxley. De laatsten behoren tot de grootste toekomstvoorspellers aller tijden.

HOMO UNIVERSALIS

Of we ons dus binnen de grenzen van onze disciplines moeten houden of de grenzen opzoeken, dat is een interessante discussie die altijd voor- en tegenstanders zal hebben. Grenzen overstijgen – heeft dat nut? Is er een waarde of een winst voor een samenleving om dat te doen? Daarvoor ga ik terug naar die tijd waarin we nu terecht zijn gekomen, die tijd die we bijna niet meer kunnen begrijpen omdat zoveel dingen tegelijkertijd lopen, sommige zaken zijn dubbelzinnig geworden en vaste waarheden lijken bijna niet meer te bestaan. De media, de politiek, het bedrijfsleven zijn allemaal knap ingewikkeld geworden. En de werkelijkheid is nog complexer dan ze lijkt. Ineens gaat het om verbinden en relationele banden in plaats van sterke, rigide losse entiteiten die op zichzelf staan. We kunnen tegenwoordig het heden niet meer los zien van het verleden en zelfs met de toekomst zijn er al verbanden. Victor Hugo schreef dat er niets zo krachtig is als een idee waarvoor de tijd rijp is. Dit gaat over het feit dat je opkomende ideeën en modes niet kunt negeren.

Natuurlijk is iets dat nieuw is moeilijker te vatten of te begrijpen en levert iets dat nieuw is nieuwe onzekerheden op. In dynamische tijden, in werelden waarin veel verandert, heerst ook onzekerheid. Dat hoort erbij. De een vindt dat prettig, de ander niet. Maar die onzekerheid heeft nut, daarmee tasten we de kansen en mogelijkheden voor de toekomst af. Er zullen nieuwe ideeën afvallen en weer nieuwe ideeën bijkomen. Wat we weten uit het verleden – uit andere tijden waarin er ook zoveel gebeurde en de dynamiek groot was – is dat we tastbare verhalen nodig hebben die deze nieuwe werkelijkheid kunnen duiden. Verhalen over vele onderwerpen, vanuit veel en diverse perspectieven, die helpen om een cultuur, een gemeenschapszin over te dragen. Verhalen geven soms nog abstracte ideeën een gezicht, handen en voeten. Ze dragen bij aan visieontwikkeling. Wat is de heersende opvatting? Waarom ontstaan er nieuwe ideeën? En wat zijn die nieuwe ideeën waar de tijd rijp voor is geworden? Daarmee houden trendwatchers, forecasters en futuristen zich bezig. Zij laten zich voeden door de cultuur, door de samenleving in zijn geheel. Zij kunnen informatie uit alle hoeken halen om de tijdgeest te duiden. Ze zitten, als ze goed zijn, al vroeg op de trend. Trendwatchers komen uit alle disciplines, in onze samenleving nog meer uit gammawetenschappen en bètawetenschappen dan uit de alfawetenschappen. Dat gebeurt al wel, maar te weinig – dat geloof ik. Ik hoop dat er meer mensen uit deze tak zullen opstaan om zich bezig te houden met de ontwikkeling van de maatschappij en de economie. Dat gebeurt in het buitenland meer dan in Nederland. Alfadenkers kunnen grote stappen maken om de toekomst minder eng te maken. Zij houden van nieuwe ideeën, van taal en woorden, van zingeving en filosofie, van boeken, ook van informatieovervloed, van outcasts en andere onregelmatigheden of onzekerheden. Ze hebben een rijk inlevingsvermogen omdat ze veel verhalen en de structuur van verhalen kennen.

Ze zorgen voor variëteit en diversiteit, voor kritische vragen en dragen op die manier hun steentje bij om de eenzijdige ontwikkeling van onze cultuur kleurrijker maken. Is dit dan een pleidooi voor de terugkeer van de *homo universalis*, de generalist die ook in de renaissance de wereld compleet heeft veranderd door zich open te stellen voor nieuwe ontwikkelingen, waarden en normen? In zekere zin wel. Iemand die breder geschoold is en een soort *helicopter view* inzet om de veelheid en veelzijdigheid van het nu in kaart te brengen, is in staat om te verbinden. Daarmee stel ik niet dat de specialisten, bètawetenschappers en gammawetenschappers overbodig of waardeloos zijn geworden. Geenszins. Deze tijd heeft behoefte aan diversiteit, aan meer visies en meer ruimte voor meer verschillende visies, en aan nieuwe verhalen. Daarvoor moeten we juist samenwerken. Iedereen draagt een steentje bij aan het verhaal.

Met in onze nek de hete adem van die wereld in nood, van ecologische vraagstukken, van grondstoffen die opraken, een onder druk staande vrijheid en gelijkheid komen nieuwe risico's op ons af, sociaaleconomisch, ecologisch, maar de mens lijkt zin te hebben in iets nieuws en tegelijkertijd in het herontdekken van iets ouds. Die twee staan niet meer los van elkaar, maar ze zijn sterker met elkaar verbonden dan wij ons kunnen voorstellen. Terug naar de buurt, op zoek naar het kleine en nostalgische en tegelijkertijd honger naar schaalvergroting, naar meer, naar groter, en een nieuwe expansiedrift.

Ontwikkeling is een voortgaand proces van mogelijkheden die we uit hun wikkels halen. Dat is wat 'innoveren' betekent, zo leerde ik van Herman Wijffels. Innovatie, vernieuwing, ook ontwikkeling en ontrafeling zijn van alle tijden. Desiderius Erasmus en Johan Huizinga deden dat in hun tijd, Isabel Marant, Bram Yoffie en sciencefictionschrijvers doen dat ook, nu. De vakken van geschiedenis, trendonderzoek en toekomstonderzoek staan dichter bij elkaar dan we ooit dachten. Zij gebruiken allemaal dezelfde technieken en methodieken om de tijdgeest te ontrafelen.

HISTORISERENDE ROL

Een laatste onderdeel in dit hoofdstuk ontbreekt nog. Als we bezig zijn met het verleden of de toekomst, spiegelen we natuurlijk ook onze wens over het heden. Betovering, verbeelding, spiegeling – er blijkt altijd weer een grote behoefte aan te zijn. Zeker als een wereld in beweging is, als we op een breukvlak van twee eeuwen leven. In dit soort tijden komen schrijvers, kunstenaars, ontwerpers en designers met nieuwe concepten en ideeën – omdat de tijd daar rijp voor is. Dat doet de tijdgeest met mensen. Sommigen vertalen het begrip letterlijk naar de geest van de tijd, naar *moods* of gemoedstoestanden, of naar kleur, maar van origine beschrijft het Duitse woord *zeitgeist* meer het intellectuele en culturele klimaat van een tijdperk, dat je eigenlijk pas achteraf kunt overzien. Alles wat we nu signaleren en zeggen, hoe we dingen vertalen, ook de snapshots die je oppikt, vormen in die zin het tijdsbeeld. De tijdgeest formuleren we pas achteraf.

Het woord tijdgeest heeft in die zin een historiserende rol. Zo heb ik in dit boek snapshots opgepakt van de afgelopen vijf jaar die iets zeggen over waar we nu staan en waar de kansen voor morgen liggen. De echte impact van die signalen en de grote tijdgeest zullen we eigenlijk pas achteraf kunnen invullen. De geest van de tijd gaat over smaak, vooruitzichten en symptomen die kenmerkend zijn voor een bepaalde periode. Heersende gedachten, de waarden en normen zijn veelal sociaal-cultureel bepaald en hangen samen met zoveel ontwikkelingen en uitvindingen waar we de volledige impact nog niet van kennen.

Mijn conclusie als geesteswetenschapper en meer in het bijzonder cultuurhistoricus is dat de geschiedenis leeft, maar dat de toekomst net zozeer kan leven. Die geven we vorm, nu. Hoe kijken onze kleinkinderen later terug op de wereld van nu? Waarschijnlijk anders dan wij. Toch willen we liever dat ze niet boos op ons zijn, maar dat ze ons dankbaar zijn voor wat we hebben gedaan. Daar mogen en moeten we misschien zelfs nu al over nadenken. Zoals ze in Afrika zeggen: 'We beheren niet het land van onze ouders, maar lenen dat van onze kinderen.'[29] Dat brengt me ook terug naar het interview in 2011 met Herman Wijffels: we staan voor grote uitdagingen waarbij we niet alleen naar het verleden, maar ook naar de toekomst moeten kijken. We hebben nu andere verantwoordelijkheden dan onze ouders en voorouders eerder. We zitten midden in een proces van verandering dat is ontstaan omdat er veel gebouwd is door hen. Sommige dingen werken nog, andere niet meer. Sommige dingen waren achteraf misschien niet zo goed voor de wereld als ze wel dachten, maar dat konden ze toen niet weten. De Amerikaanse schrijver Saul Bellow verwoordde het mooi in zijn non-fictieverhalenbundel *It All Adds Up – From the Dim Past to the Uncertain Future* (1994). Snapshots als deze leiden tot verhalen, tot trends, tot ontwikkelingen. Die verhalen zeggen iets over de tijd waarin we leven, over de tijdgeest. Die is nu misschien nog vaag, maar zal in de loop der tijd meer vorm krijgen. In 2010/2011 heb ik mijn trendverhaal ook *It All Adds Up – From the Dim Past to the Uncertain Future* genoemd, naar deze verhalenbundel. Daarmee gaf ik toen aan dat we onzekere en andere tijden tegemoet gaan, een ander tijdsgewricht tegemoet treden. Dat er meer chaos en tegenstrijdigheden zouden ontpoppen. Eerder, in 2002, schreef ik dat ook al in een visie op 2010 en daarna. Dat zie je nu, het is uitgekomen. Maar dit zegt ook iets over het leven. Wij zijn mensen en geen robots. Niet alles wat we doen is in efficiency en valuta uit te drukken. Onze wereld zit boordevol mooie verhalen en snapshots – alles bij elkaar vertellen

29 'You must treat the earth well. It was not given to you by your parents. It is loaned to you by your children' – een oud Kikuyu-gezegde. Uit *Second Sight* (2011). 2012 and beyond (nr. 28) – 'The land we hold in trust', door Arthur B. Mitzman.

deze iets over de tijd waarin we leven en is het tegelijkertijd een rijke documentatie voor de historici in de toekomst.

Conclusie
Een nieuwe realiteit, een waaier aan mogelijkheden

rends raken het economisch en sociaal-maatschappelijk veld, ze raken technologie en geopolitieke relaties, trends gaan over de idee of gedachte hoe onze wereld is opgebouwd en raken ook onze cultuur. Trendwatching gaat enerzijds over popcultuur en films, maar ook over verhalen en mythen die de tijdgeest kleuren. In dit boek is daarover van alles te lezen: het gaat over modes en rages, over kortetermijnacties en de gevolgen daarvan. Maar het gaat ook over de andere kant. Trends gaan ook over langere termijn, over ontwikkelingen, over veranderende gedachtes en nieuwe ideeën die uiteindelijk een beeld geven over de tijd waarin we leven – over dat wat tijdgeest heet.

Af en toe verandert onze blik op de wereld en kunnen we zeggen dat een bepaalde periode bepaalde kenmerken vertoont. Mensen stellen hun idee over werken en leven bij of denken na over nieuwe waarden en normen. Dromen, wensen en idealen veranderen, bijvoorbeeld over ons eten, over koffie, kleding, over werken of over leven. Als een bepaald idee vorm krijgt, hebben we het over de tijdgeest. Deze tijdgeest is kenmerkend voor een bepaalde periode en nemen we mee in de geschiedenis. Of eigenlijk moeten we zeggen dat we die verhalen de toekomst mee in nemen. Wij dragen met onze handelingen en ideeën bij aan de geschiedenis van de toekomst.

Hoe kijken onze kinderen en kleinkinderen terug naar onze tijd? Dat is niet alleen interessant om te onderzoeken, het heeft ook nut. Het geeft ons een beter zicht op de kansen voor morgen en legt ontwikkelingen die in de maak zijn, open. We hebben de afgelopen jaren een paar grote veranderingen doorgemaakt. Digitalisering heeft bekende bedrijven als Kodak, Oad Reizen, Siebel Juweliers en Selexyz (of Polare, zoals we dat in de laatste fase kenden) van de kaart geveegd. Als deze bedrijven blijven bestaan of doorstarten, zal dat in een compleet andere constructie zijn dan we gewend waren. Deze tijd van disruptie, waarin sommige dingen niet meer gaan zoals ze gingen, vraagt om andere benaderingen. Mensen bestellen hun reizen nu via internet, ze stellen deze het liefst zelf samen en de hoeveelheid foto's die nu nog analoog wordt gemaakt en dus afgedrukt, is tot een minimum beperkt. En de ketting printen we zo meteen op locatie, zoals we dat zelf willen. De kleur bepalen we op dat moment ook zelf.

Onderzoek naar de tijdgeest van de periode waarin wij zelf leven is dus nuttig om die ontwikkelingen die we om ons heen zien gebeuren bloot te leggen en daar een beter inzicht in te krijgen. Als je in staat bent om de ontwikkelingen 'nu' te lezen, zul je als persoon, bedrijf of organisatie beter in staat zijn om beslissingen voor morgen en de toekomst die daarop volgt te maken. Dat is waardevol omdat met betere beslissingen minder kapitaal en minder energie verloren zal gaan. Verspilling kunnen we ons niet meer permitteren. We zijn met zo veel op deze wereld nu en de druk op de mens, onze energie en ons vermogen wordt alsmaar groter. Privé en werk lopen tegenwoordig meer in elkaar over. Er is structureel minder werk, daarom zijn we momenteel op zoek naar andere manieren van werken en leven. We zien de wederzijdse afhankelijkheid van economie, sociaal-culturele ontwikkelingen en ook technologie groter worden. Mensen hebben meer informatie tot hun beschikking en worden steeds slimmer.

Daar raken we ons als mensen ook meer van bewust. We leren over onze emotie en intuïtie. Waar duidelijke scheidslijnen in de maatschappij vervagen, komen nu ingewikkelde en chaotische structuren terug. Daarom hebben meer mensen behoefte om over morgen na te denken, te dromen, maar ook om die toekomst vorm te geven. Voor zichzelf of voor anderen. De nieuwe realiteit die soms als lastig en knap ingewikkeld wordt beschouwd, is tegelijkertijd hoopgevend en biedt veel ruimte voor nieuwe ontwikkelingen en nieuwe inzichten.

INZICHTEN

In dit boek heb ik je meegenomen langs diverse en uiteenlopende verhalen die relevante vertellingen zijn over ons leven nu. Soms populair, soms wetenschappelijk, soms allebei en vaak raken ze mensen en emoties. Deze snapshots heb ik de afgelopen jaren waargenomen en bestudeerd. Ik heb gekozen voor momenten die mij een bepaald inzicht gaven over de periode waarin wij leven en veranderingen die wij nu doorgaan. Door de snapshot in te duiken, kwam ik meer te weten over de persoonlijke motivaties van tijdgenoten en dus ook meer over de tijd waarin we nu leven.

Als je trends onderzoekt, betekent dit dat je iets ziet, dat iets opvalt – 'iets' of 'iemand' doet 'jouw' inzicht veranderen. Dat kunnen kleine momenten zijn, van onopvallende gebeurtenissen waar je soms dagelijks gewoon langsloopt zonder dat je erbij stilstaat of een berichtje op de wetenschapspagina van de krant, tot wat je in een film of serie ziet langskomen: de bronnen liggen overal. In het geval van trendonderzoek sta je iets langer stil bij die snapshots. Je pluist zo'n snapshot uit. Je probeert te achterhalen waar het gegeven, het concept of de idee vandaan komt. Je zoekt naar signalen en probeert ze te plaatsen. Soms probeer je ze met andere ogen te bekijken. Dat betekent van blik wisselen.

Waarom doen mensen de dingen die ze doen? Het zijn vaak heel eenvoudige vragen; je gaat op zoek naar de achterliggende motivaties van fenomenen van onze tijd.

Snapshots vind je dus op straat, op het internet, in winkels, op televisie, in magazines, in kranten of waar dan ook. Een snapshot is meestal geen wereldschokkend nieuws – vaak is het iets wat pas op het tweede gezicht opvalt, maar wat wel een indicator van verandering is. Een snapshot kan over muziek gaan, over een film of over kunst. Trends gaan over een breed veld. Je kijkt nooit naar één indicator, maar onderzoekt ontwikkelingen op verschillende manieren, naast elkaar, cross-disciplinair en kijkt over de industrieën heen. Dan blijken dingen ineens in relatie tot elkaar te staan.

Waarom doet deze winkelier wat hij doet? Waarom gaat hij op zoek naar ouderwetse ambachtelijke koffiebrandmethoden, of waarom besluit een Amerikaanse architect om Franse bakker te worden? Hoe verklaar je de nonchalante 'je ne sais quoi'-stijl? Maar ook: wat is de waarde van verder vooruitkijken, van sciencefiction? En behoort Mars tot nieuw leefgebied? En wat kunnen natuurkundigen, gamma- en geesteswetenschappers bijdragen aan die blik op de toekomst?

In dit boek ben ik op zoek gegaan naar dromen, wensen, ambities en ideeën van mensen die nu leven. Het eerste gedeelte ging over de hang naar kleinschaligheid, terug naar de basis, terug naar de buurt en gebruik van het verleden als bron voor toekomstige levensstijlen. In het tweede gedeelte heb ik een grote sprong vooruit gemaakt en ben ik dieper ingegaan op het grote vooruitgangsgeloof dat nu evenzeer speelt. Mensen zijn daar niet bezig om het leefoppervlak te verkleinen, ze willen het juist vergroten vanuit de gedachte dat de wereldbevolking in de nabije toekomst stijgt naar 9 miljard en daarna snel door naar 10 miljard. Gaan we andere werelden bij de onze betrekken? Buitenaardse wezens en het leven op andere planeten in de kosmos; het zijn serieuze gedachtes die nu opkomen. De conclusie is dat we niet zo eenvoudig kunnen stellen 'klein is het nieuwe groot'. De werkelijkheid ligt iets ingewikkelder en we zien de trend groot en klein tegelijkertijd even hard oprukken. Klein is klein en groot is groot. Klein is groot en groot is klein ... alles klopt in deze – er is niet een waarheid, er is niet één toekomst.

NIEUWE STIJL

Het een sluit het ander ook niet uit. In het kleinschalige zitten grote ambities en ontwikkelingen, zelfs enorme ontdekkingen; in het grootste zitten subtiele en kleine details die het verschil maken. Paradoxen zijn overal, ze zijn omnipresent in de breedste zin van het woord. Technologie heeft onze wereld niet alleen vergroot, maar ook verkleind. Door hard vooruit te gaan wordt langzamer leven op andere terreinen interessanter. Deze tijd is anders, omdat we andere technieken en technologieën gebruiken. Bewegingen lopen anders en deze tijd vraagt om andere competenties. De nieuwe ondernemer of manager weet precies wanneer hij moet versnellen en wanneer hij weer pas op de plaats moet maken, of zelfs vertragen. Ook daarover gaat dit boek.

Mensen leren omgaan met trends en tegentrends die vreedzaam naast elkaar leven en veel met elkaar te maken hebben. Tegentrends versterken. Daarmee zijn trend en tegentrend als het ware in elkaar verstrengeld geraakt. Klein en groot, langzaam en snel, de oude ambacht en de nieuwe technologie – het is duidelijk dat de oude dualistische gedachte van of-of heeft plaatsgemaakt voor de nieuwe én-én benadering. Daarmee biedt zich een nieuw palet van keuzemogelijkheden aan. Zie het als een grote waaier waarbinnen zich enorm veel kansen aandienen.

In de dynamiek van al die nieuwe keuzemogelijkheden en varianten die zich aandienen, waar oud en nieuw samenkomen, ontstaat een nieuw normaal. Dat normaal is veel minder statisch dan we gewend zijn. De werkelijkheid blijkt diverser te zijn en heeft meer diepgang. Diepere lagen, maar ook meer dimensies. Dat vraagt weer om die andere houding en nieuwe competenties. Veel van hetzelfde werkt gewoonweg minder in de nieuwe dynamiek. We zullen meemaken dat we nieuwe structuren vinden in die dynamiek en ook gaan genieten van die complexiteit en chaos. Die signalen zie je nu al opkomen. Het is ook niet de eerste keer in de geschiedenis dat we meemaken dat we van inzicht en wereldbeeld veranderen. We kennen dat uit het verleden. En ook in vorige breukvlakken, om naar Jan Romein te verwijzen, hebben we als mensen ook onze stempel op de tijd gedrukt.

De conclusie van dit boek is dat we niet meer zo eenduidig kunnen zeggen welke trend de vorige vervangt. Dat is iets wat mij vaak gevraagd wordt. Trend B, trend A, ze gelden allebei tegelijkertijd. C, D, E enzovoorts zijn er ook nog. In de nieuwe stijl moeten we onze blik op trends continu bijschaven en moeten we telkens opnieuw weer keuzes maken voor de visie op morgen en de toekomst daarna. Dat is een continu proces. Morgen beslissen we opnieuw wat de kleur van de dag wordt.

Om verder in te gaan op die nieuwe competenties of de nieuwe inzichten die nodig zijn om deze eeuw samen te organiseren, heb ik in de laatste drie snapshots gekozen voor richtingen en interviews die iets vertellen over die wereld met minder duidelijke grenzen en nieuwe relaties. De verhalen komen uit de traditionele gebieden natuurwetenschappen, mens- en organisatiewetenschappen en uit de geesteswetenschappen. Ik kom zelf uit de laatste school, het terrein dat ook ideeëngeschiedenis omvat. Zoals mijn grote held Victor Hugo zei: 'Ideeën zijn sterker dan legers.' Ideeën, visies en verhalen inspireren ons om de straat op te gaan, nieuwe bedrijven en fabrieken te bouwen, zelfs om nieuwe werelden te bouwen. Dat was in het verleden zo en dat is nog steeds zo. Daarom zouden geesteswetenschappen mee moeten doen in de discours over morgen. Waar de afgelopen decennia het toekomstonderzoek was ondergebracht bij de bèta- en gammawetenschappen, zouden we er goed aan doen om er nu ook meer alfa's bij te betrekken. Zij kunnen met hun diepere verhalen, hun zoektocht naar woorden en betekenissen ook aan de zakelijke discussie over de toekomst een goede steen bijdragen. Ik geef daarmee expliciet antwoord op de vraag die ik in het begin stelde: nee, het is absoluut niet raar om je als historicus met de toekomst bezig te houden. Sterker nog: ik hoop dat er meer volgen.

Historici zijn gewend aan een overvloed van informatie, aan nieuwe visies. Ze zijn die steeds tegengekomen tijdens het onderzoeken van verschillende tijdvakken. Ze leren als buitenstaander naar de ontwikkelingen te kijken en doen onderzoek naar de tijdgeest. De historicus begrijpt dat het verleden anders was dan het 'nu' en dat de toekomst ook weer anders zal zijn. Maar ziet ook dingen wel hetzelfde blijven. Meestal bestudeer je een andere tijd, soms dichtbij of verder weg. Je leert patronen te herkennen. Patronen in de maatschappij, patronen in menselijk gedrag, maar ook weet je dat er iets kan veranderen waardoor er de zogeheten mentaliteitsveranderingen of paradigmashifts optreden. Je weet dat mensen ineens van visie kunnen veranderen, dat we anders naar de economie kunnen kijken of zelfs ons hele wereldbeeld moeten bijstellen. Je weet ook dat het verleden pioniers kende, die anderen als barbaren of waaghalzen zagen. Je weet dat sommige mensen met nieuwe ideeën eerst op de brandstapel of in de gevangenis terechtkwamen, maar dat die nieuwe gedachten later toch geaccepteerd en zelfs de norm werden. Je weet dat er altijd mensen bestaan die haarfijn aanvoelen dat de tijd voor nieuwe ideeën zich aandient. Waarom zou een wereld van nu dan geen verkenners en pioniers kennen?

De derde dimensie die ik de afgelopen jaren zelf ervaren heb, is dat je als historicus ritmes van de tijd kunt voelen, door goed te luisteren en te kijken. Door af en toe een stap terug te doen en met gepaste afstand naar ontwikkelingen te kijken en dan weer diep erin te duiken, om het gevoel, de emotie van dat verhaal te leren kennen. Dat is wat ik doe. Het onderzoeken, maar ook het aanvoelen van dat ritme van de tijdgeest. Wanneer versnelt iets en wanneer vertraagt iets? Wat zijn de oorzaken daarvoor?

PATRONEN

Het vlindereffect van Lorenz bestaat, de geschiedenis kent zo haar voorbeelden. Iets kleins kan een grote storm veroorzaken, soms snel, soms tergend traag. Deze benaderingen van tijd lopen door elkaar; wat voor de een snel is, is voor de ander langzaam. Al die dimensies en alle kennis en wijsheid bij elkaar is zo interessant. Er is zo veel onderzocht de afgelopen eeuwen. Als we dat bij elkaar kunnen brengen en sommige resultaten eens opnieuw vanuit een ander daglicht bekijken, zou je zien hoe vruchtbaar niet alleen dat verleden is, maar ook de toekomst. De informatieovervloed krijgt dan een andere connotatie en daarmee een nieuwe waarde voor de wereld en de economie van de toekomst. Teruggrijpend naar dat mooie Afrikaanse Kikuyu-gezegde: 'We zijn hier op deze wereld ook voor het behoud van die wereld, voor toekomstige generaties. We zijn hier niet alleen om datgene op te maken wat onze voorouders verbouwd hebben.' De wereld is veranderd, ons inzicht daarmee ook. De westerse economische gedachte van de afgelopen decennia heeft die nieuwe invloeden van buiten hard nodig om mee te gaan met de tijd, zo blijkt elke dag als we de krant lezen. Er is nu eenmaal meer behoefte aan inhoud, aan meer verhalen. Nu die wereld openbreekt, waarin nog meer continenten en werelddelen hun stem laten horen en meer zullen gaan samenwerken, kunnen we zeggen dat sommige inzichten sleets geworden zijn, maar dat er hele mooie nieuwe rijke verhalen voor terugkomen. Dit is wat ontwikkeling doet, wat trends doen, wat tijdgeest doet.

Al die kleine snapshots vertellen iets over de tijd waarin wij leven en over de ontwikkelingen die opkomen, die gloren en groeien. Waarom doen de mensen de dingen die ze doen? En wat zijn hun dromen of ambities voor morgen? Soms zien we door de bomen het bos even niet meer. Maar daarna zien we toch een trend in die snapshots. Er ontstaat een patroon. Het verzamelen en rangschikken van de snapshots helpt om een overzicht te creëren en in te zien waar mensen nu aan bouwen. Het ontrafelen van de tijdgeest brengt ons terug naar de kern.

Daardoor begrijpen we onze tijd iets beter. Verandering zit diepgeworteld in onze traditie, zoals Eddie Murphy in *Coming to America* zei. De wereld is niet plat, dat weten we al een tijd en al die verhalen, de diepte in, de hoogte in, ze zijn niet alleen mooi, maar ook zeer nuttig én zelfs hard nodig om deze eeuw vorm te geven.

Voor Roberto en Jacob!